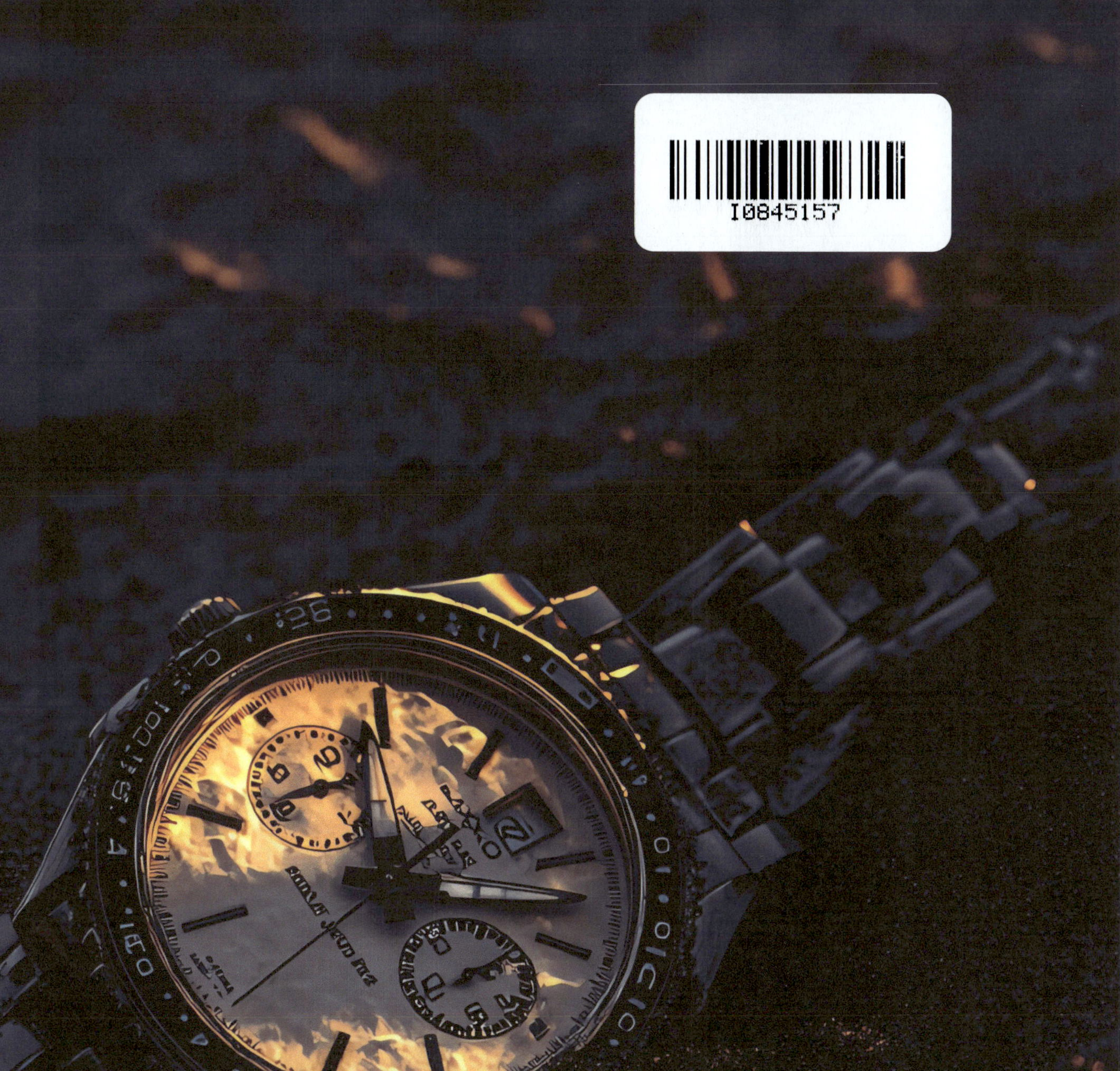
I0845157

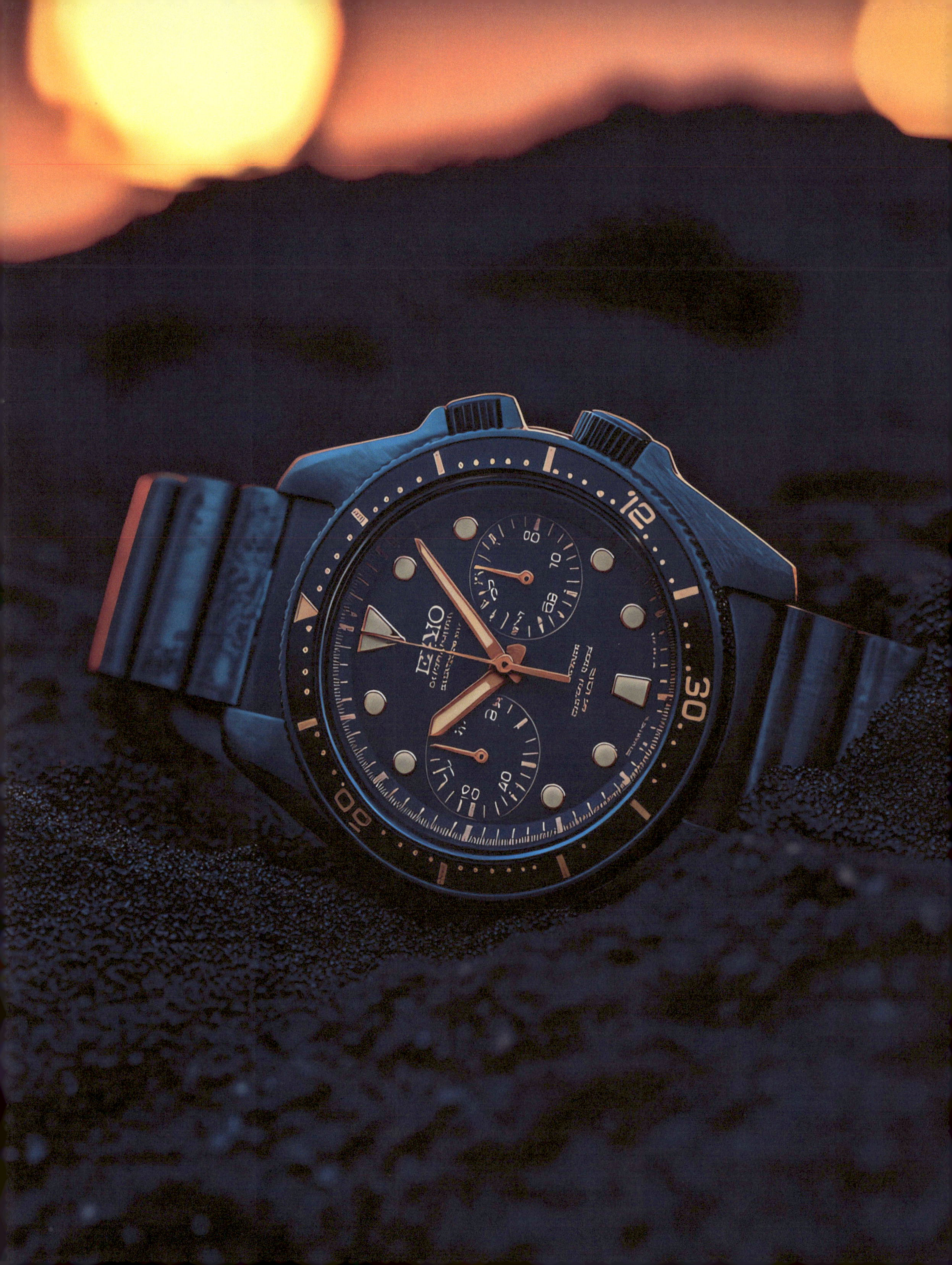

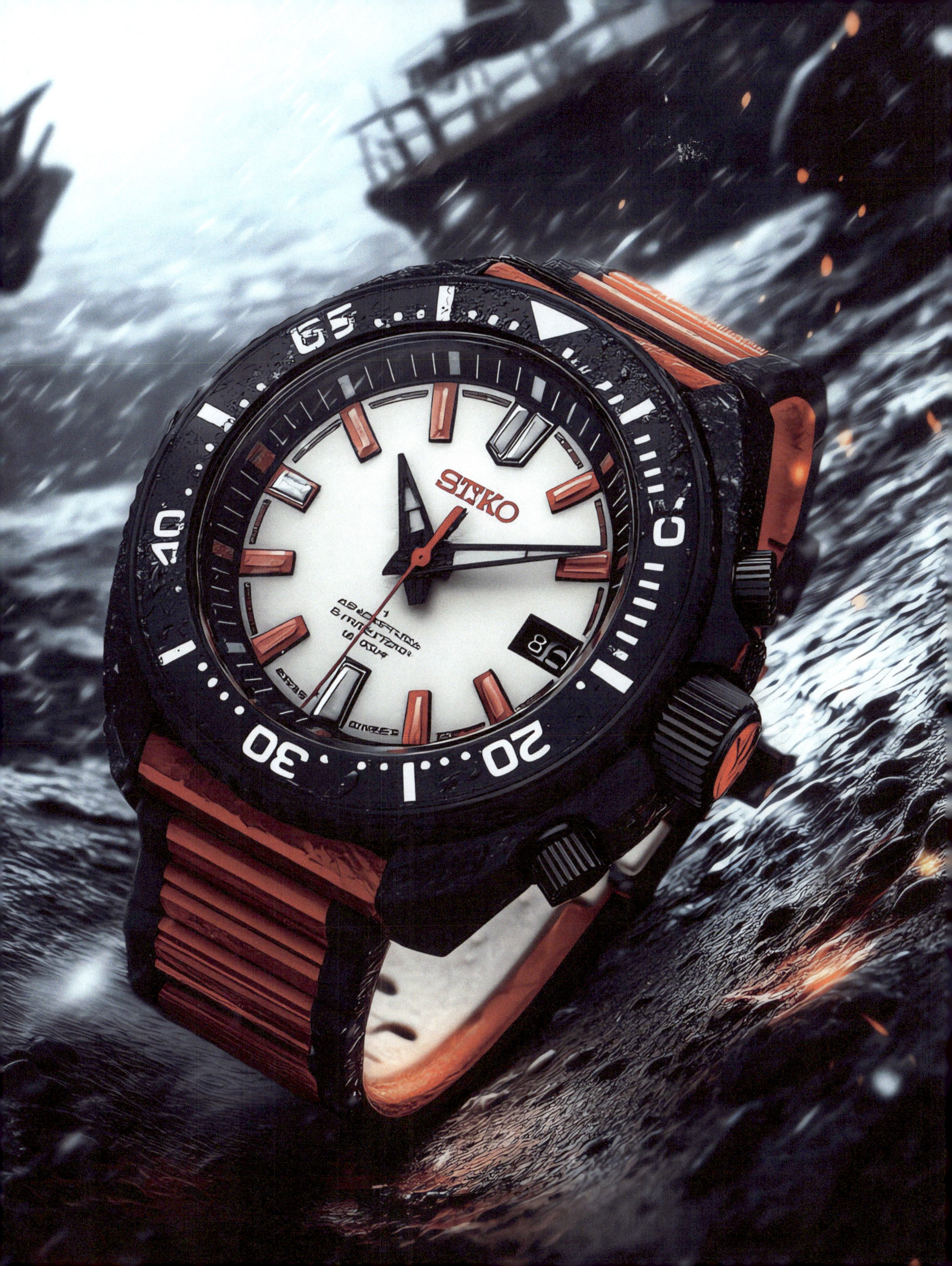
SEIKO

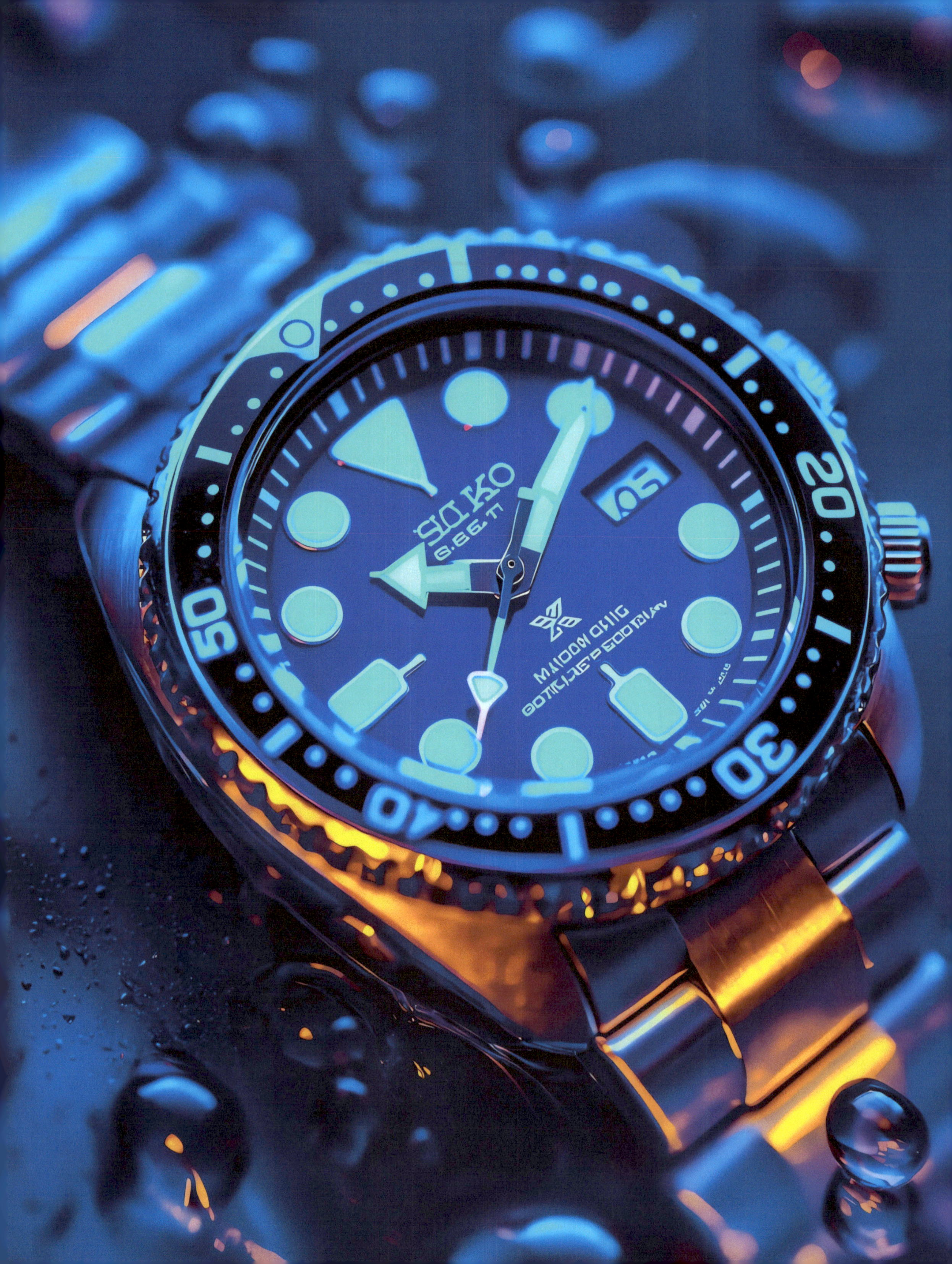

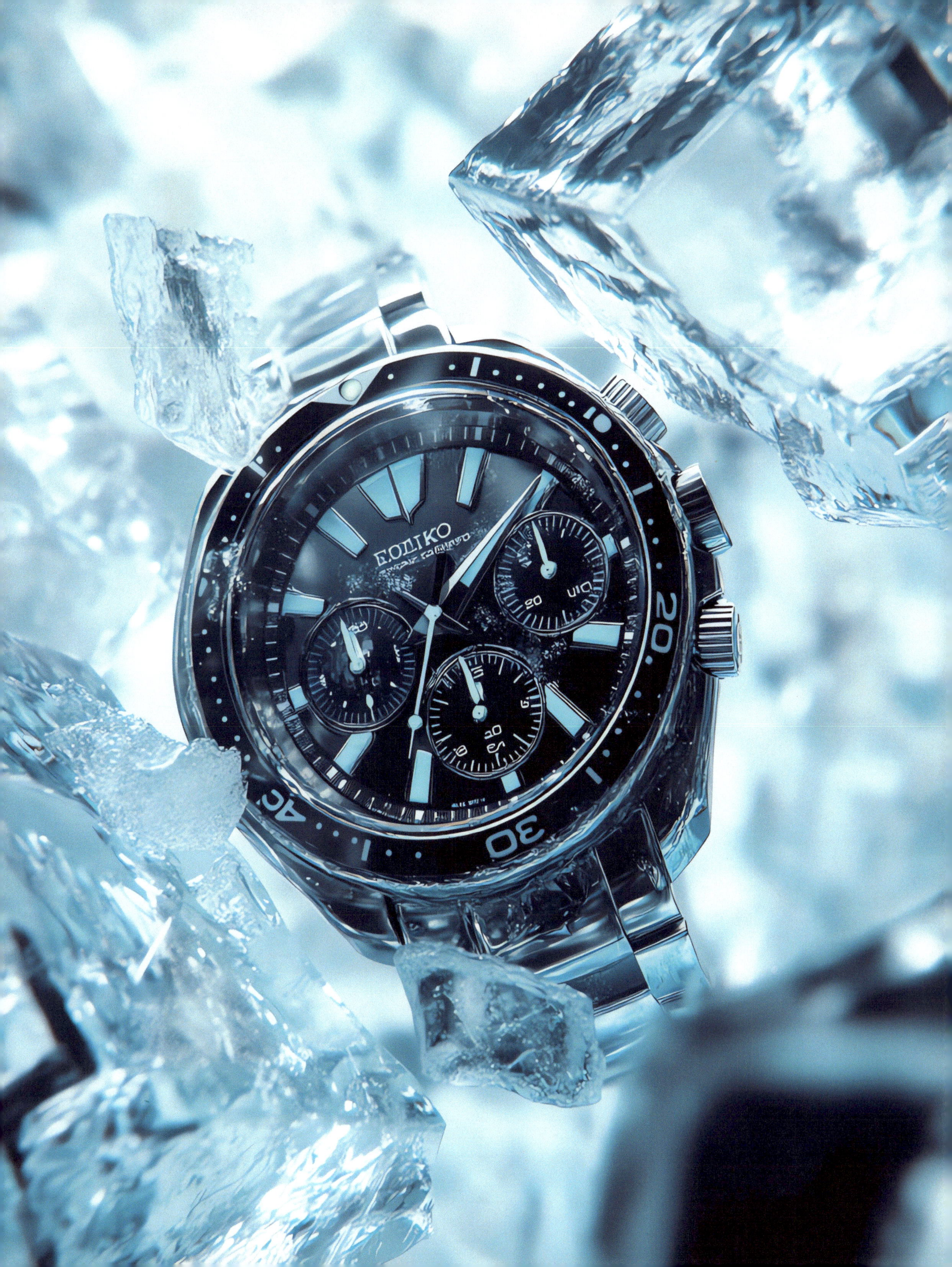
SEIKO

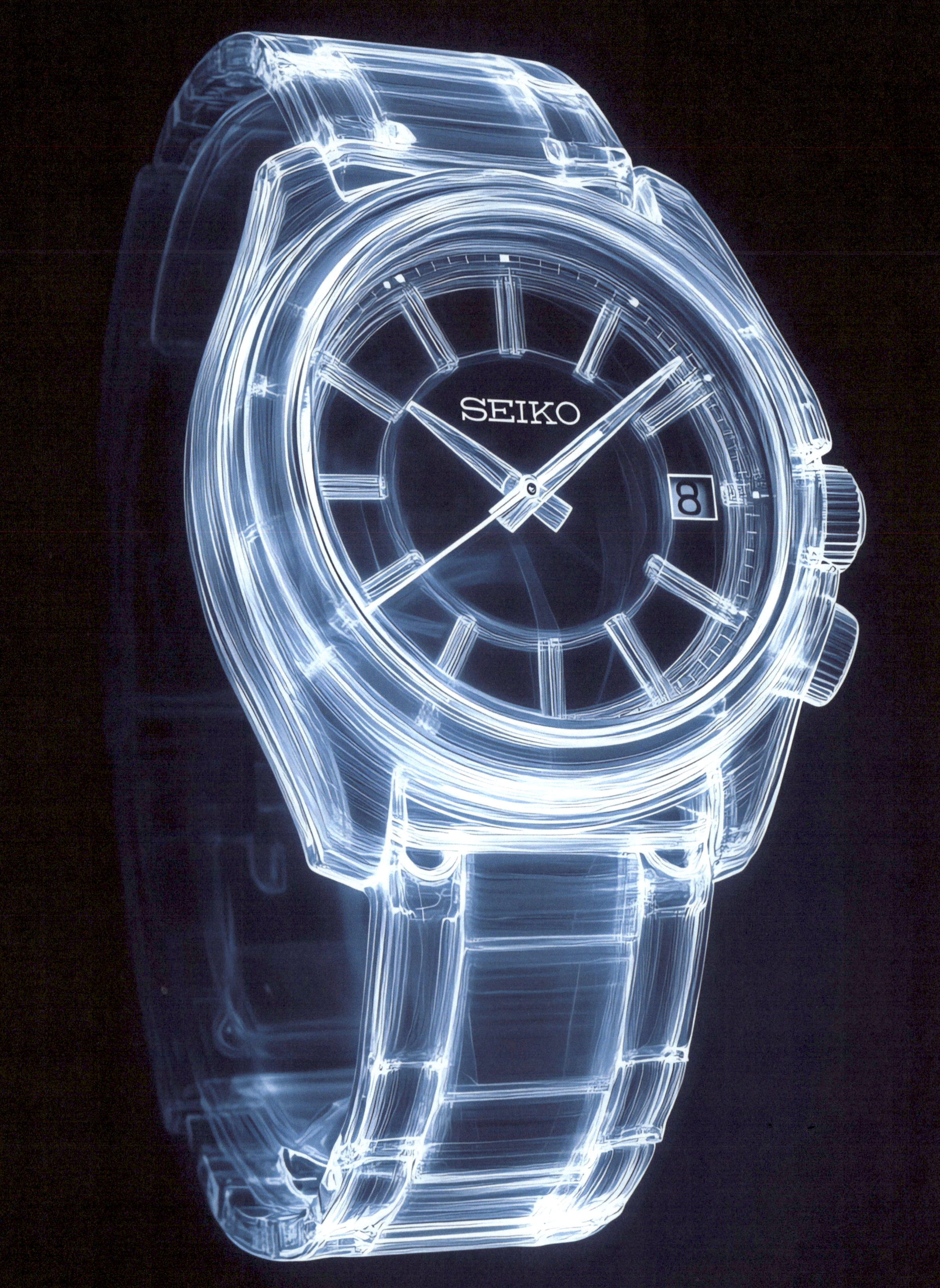
SEIKO

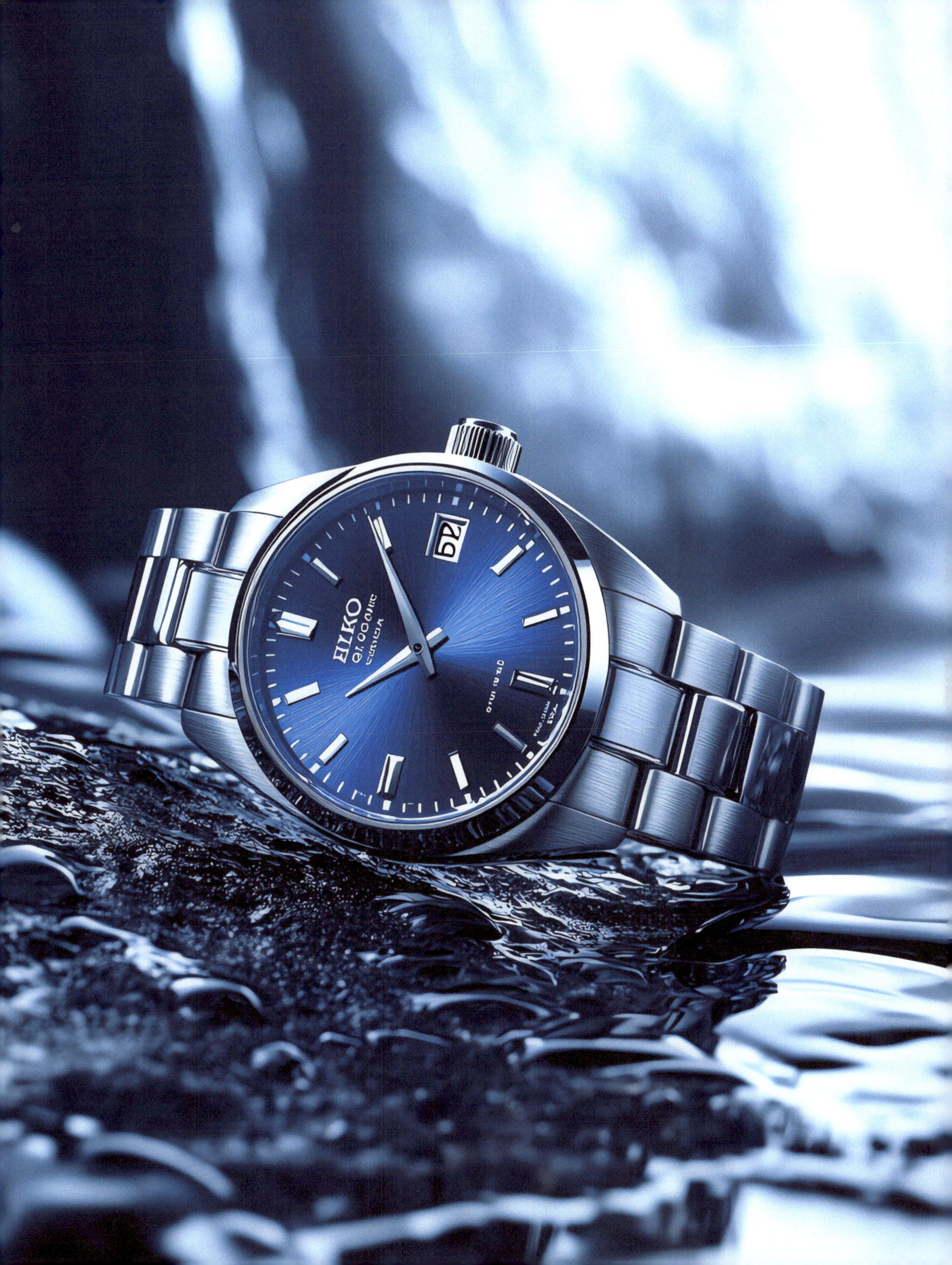

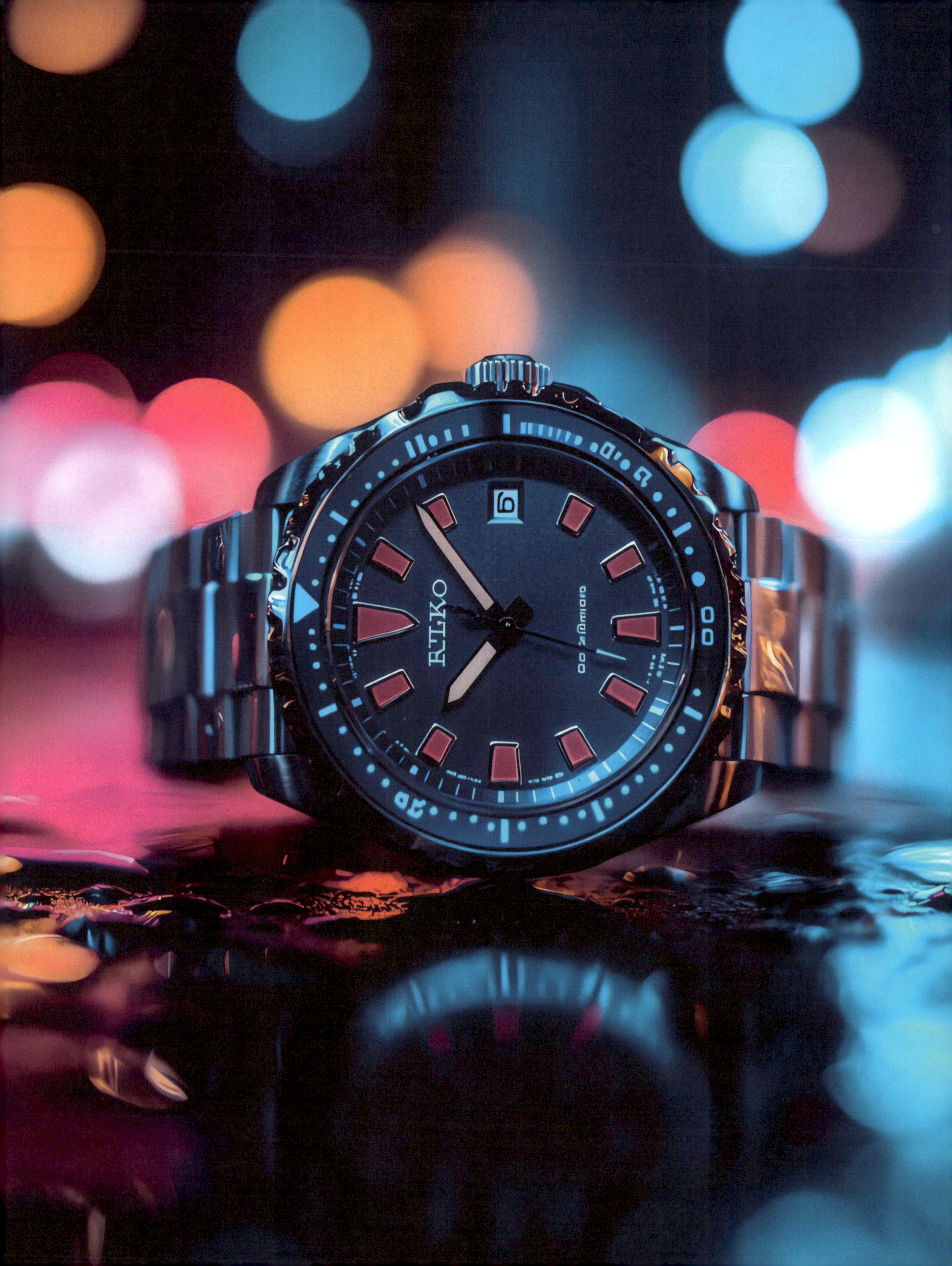

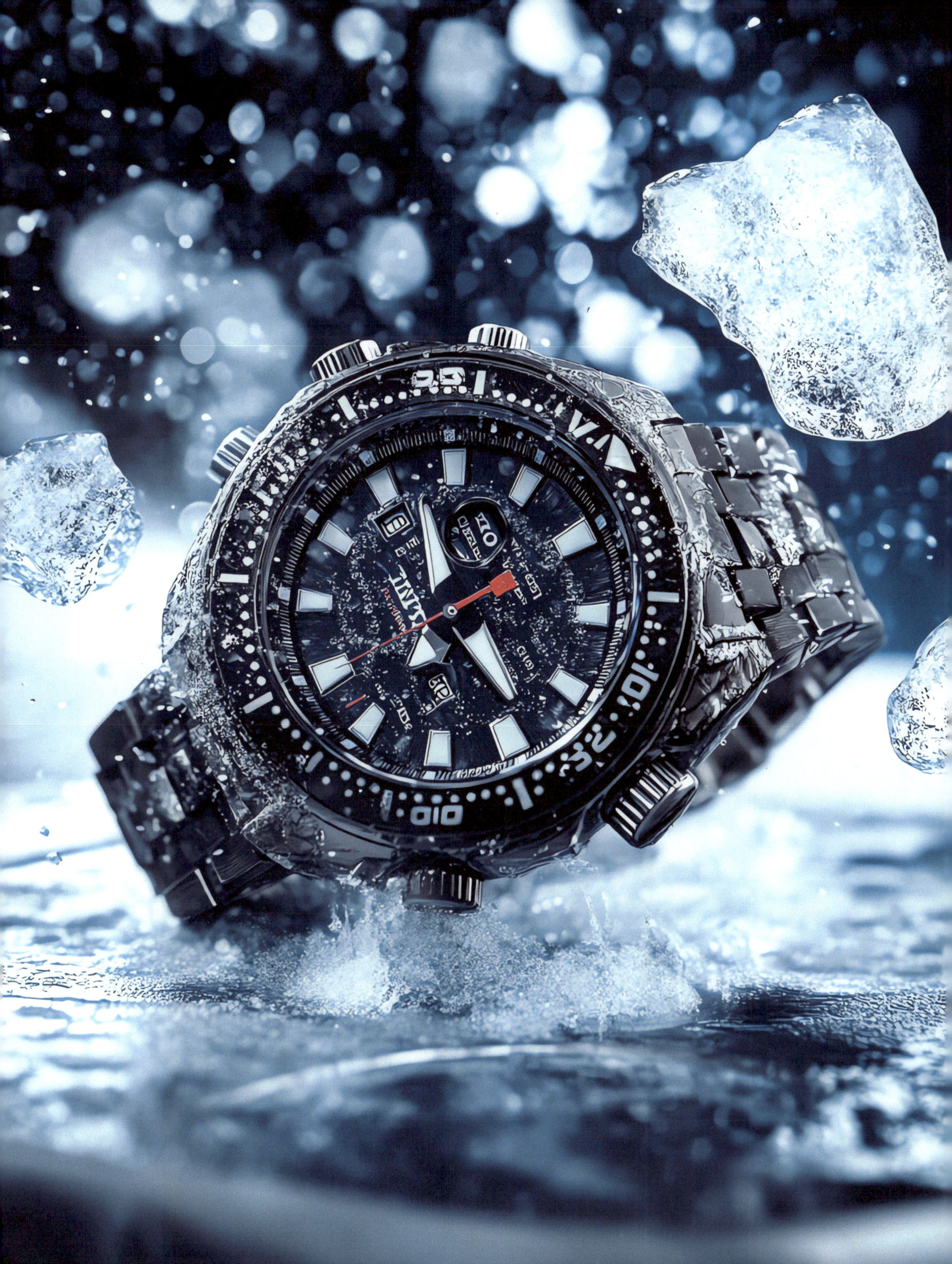

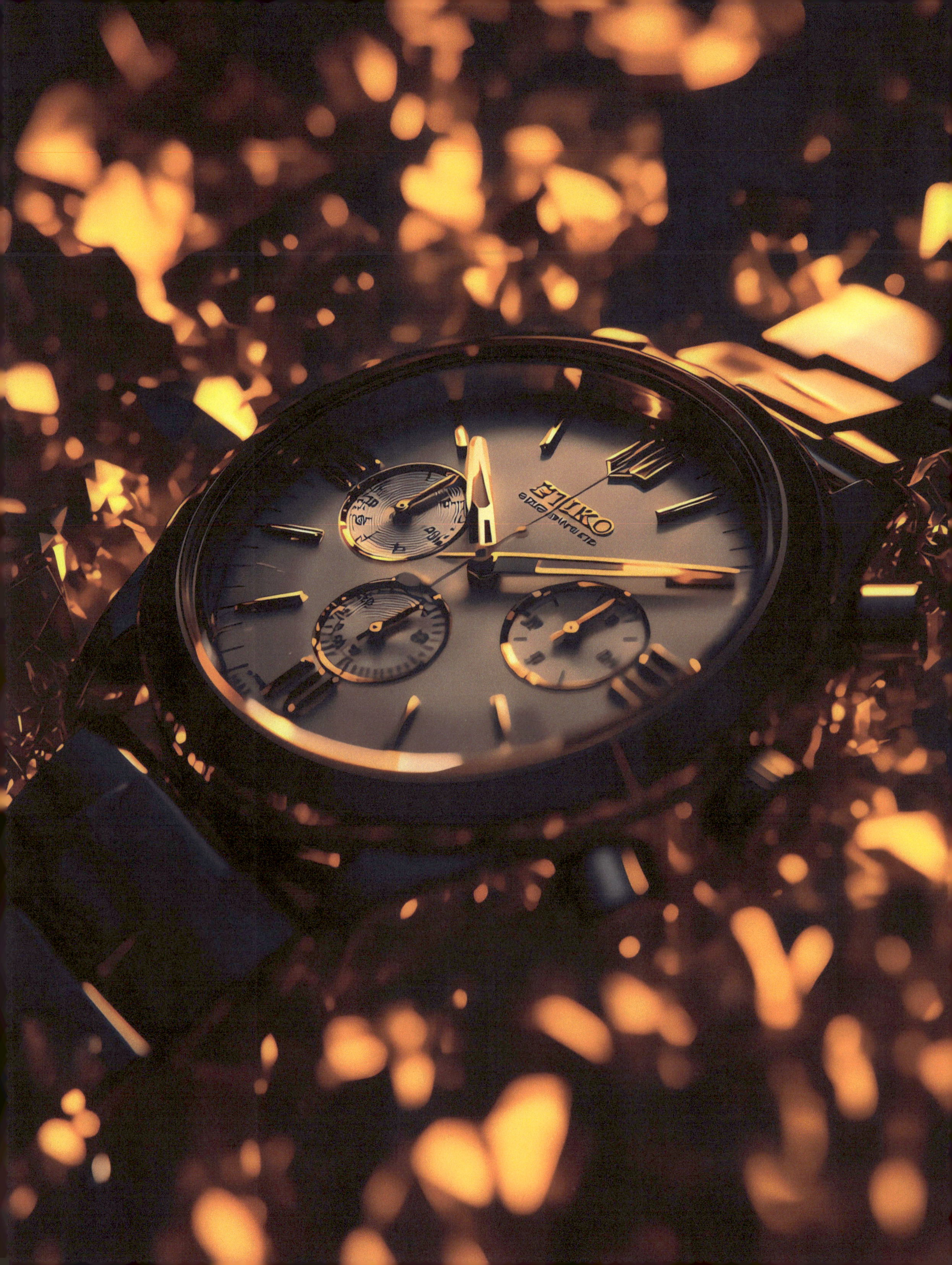
SEIKO

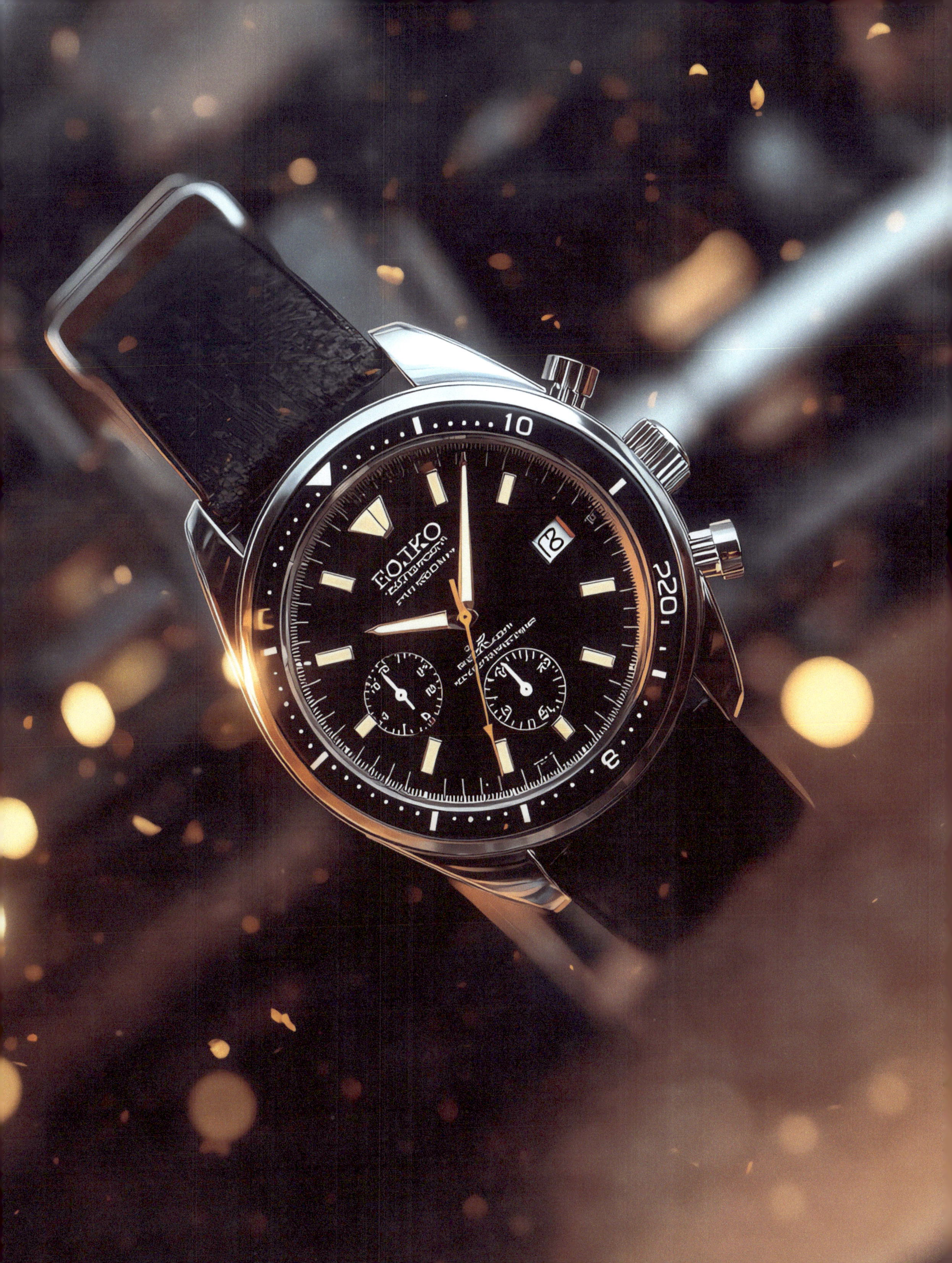

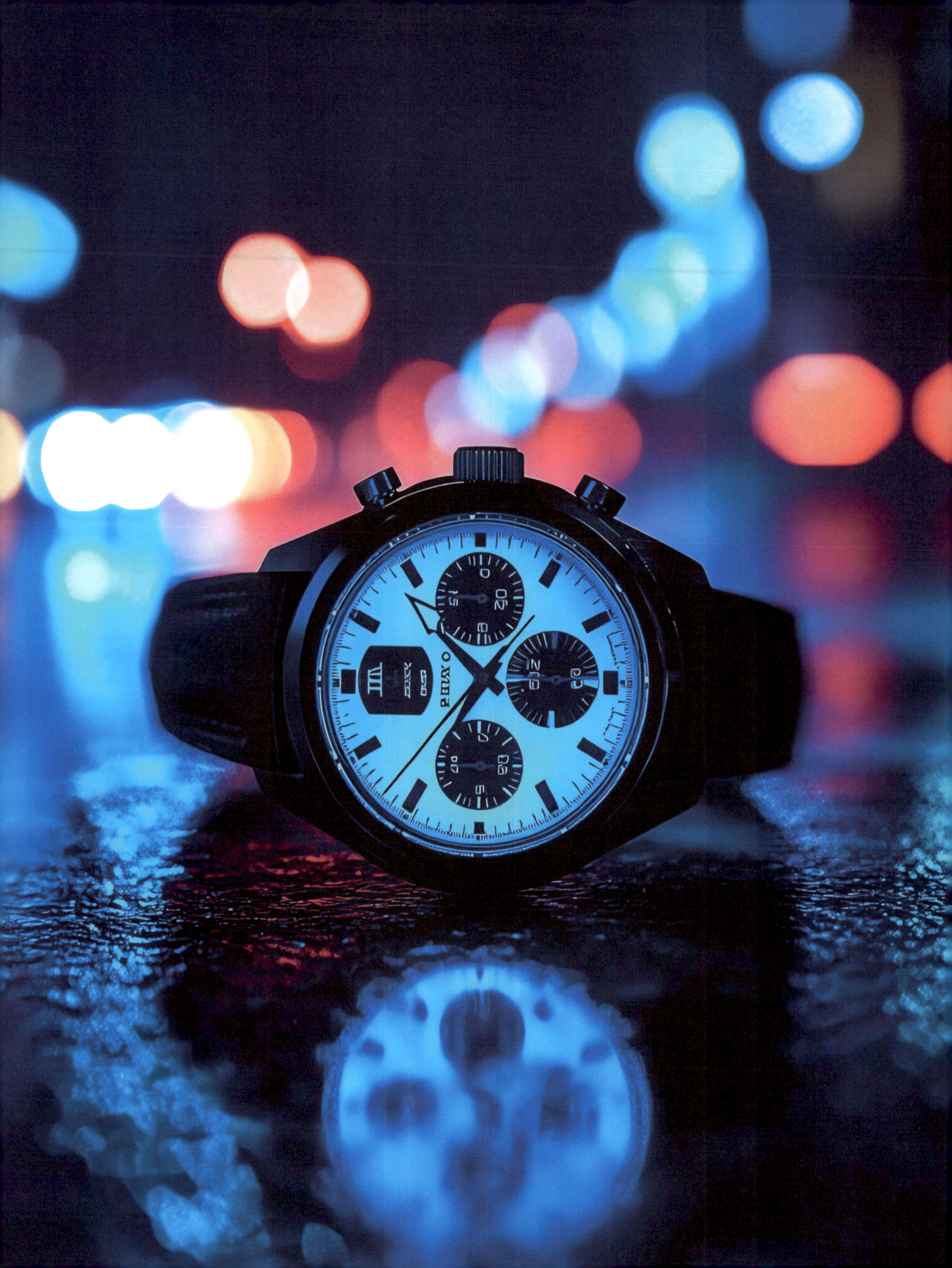

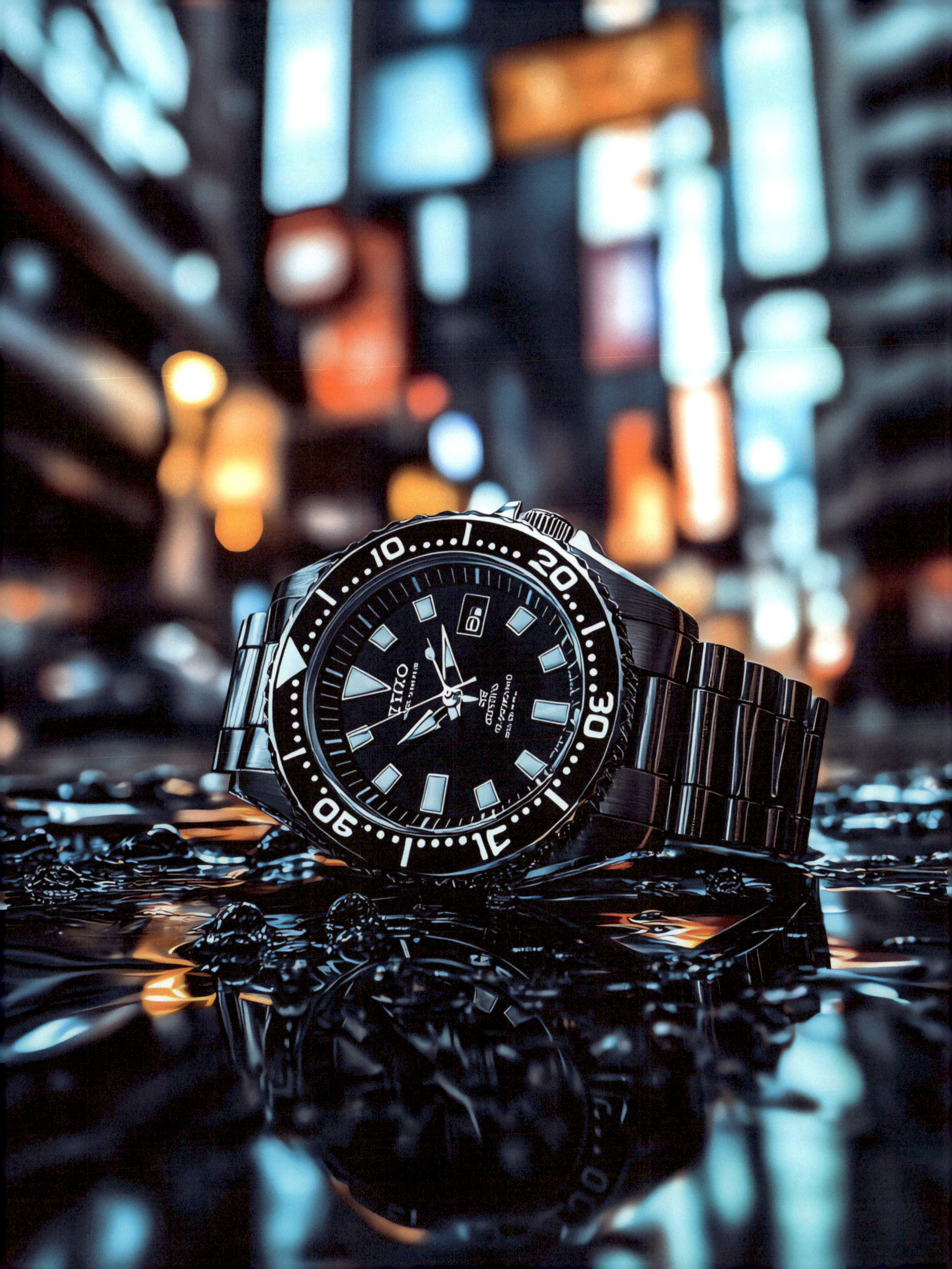

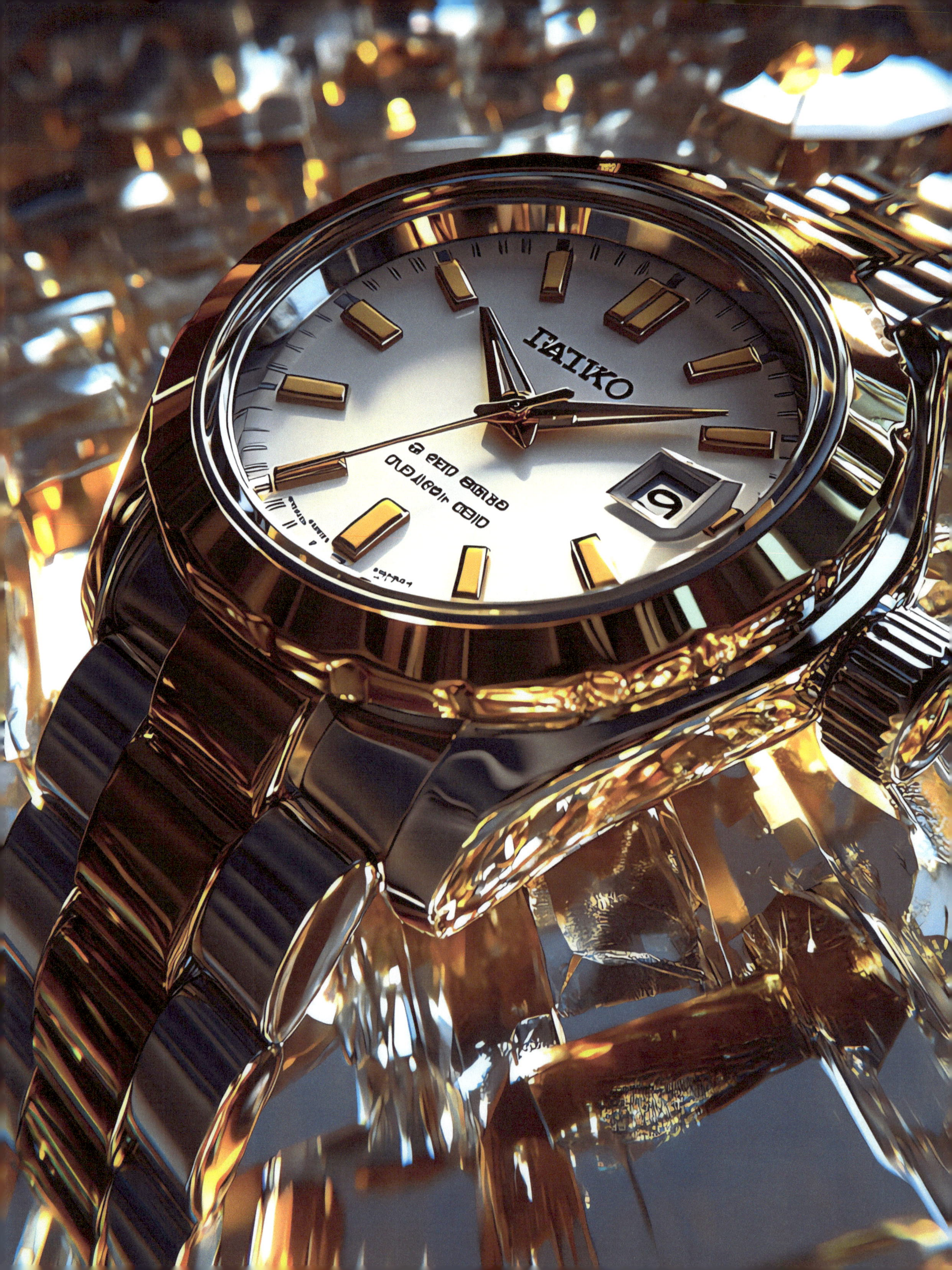

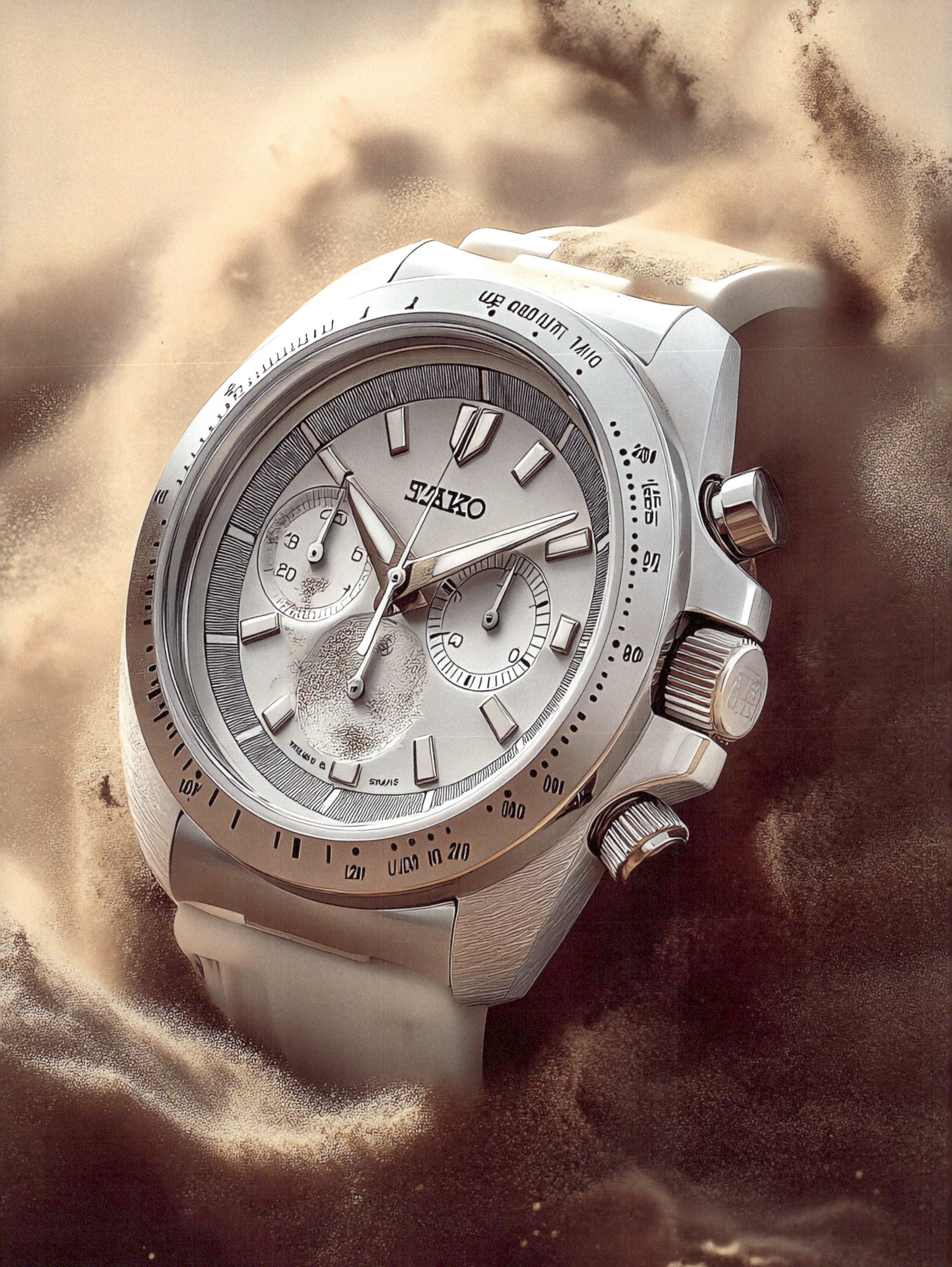

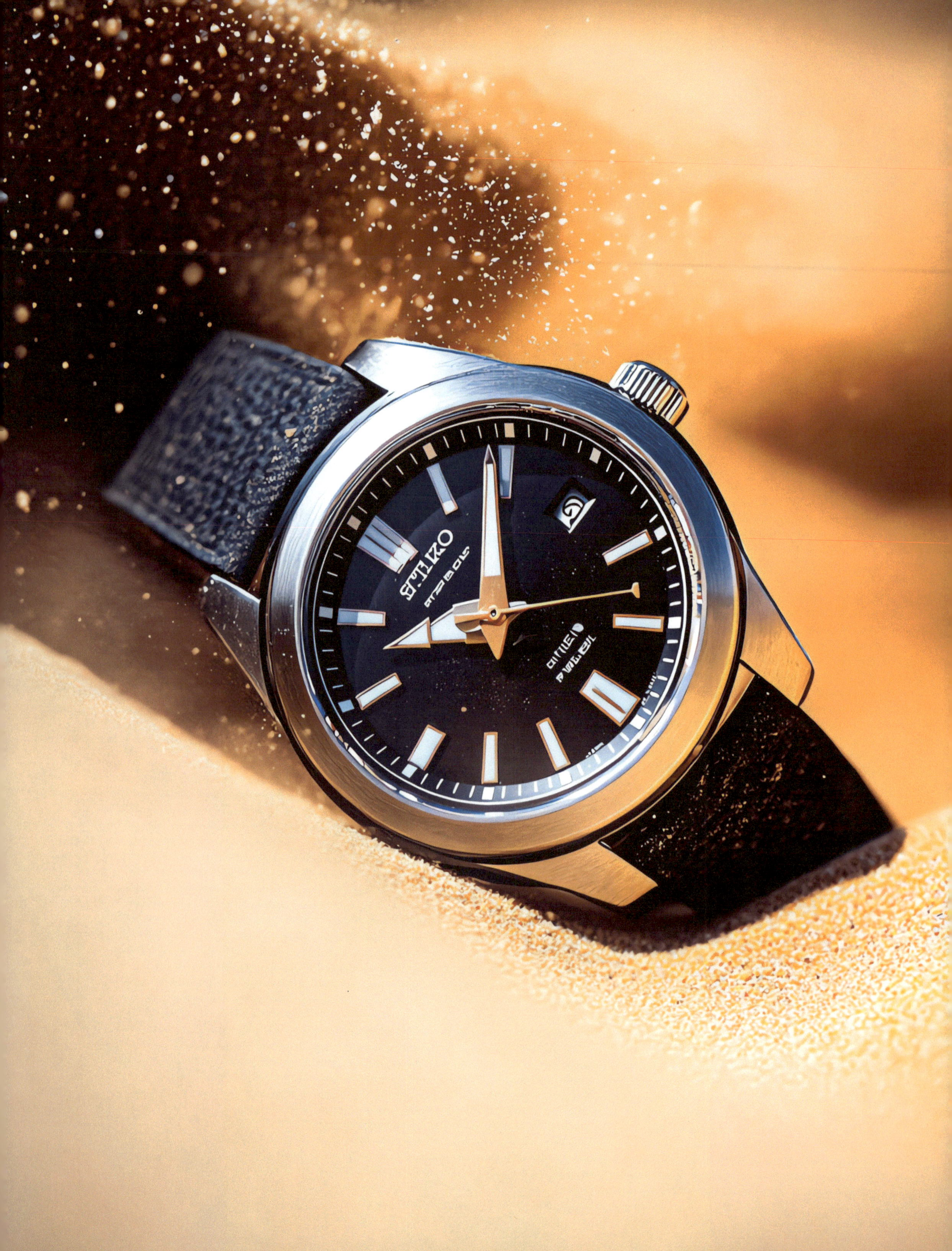

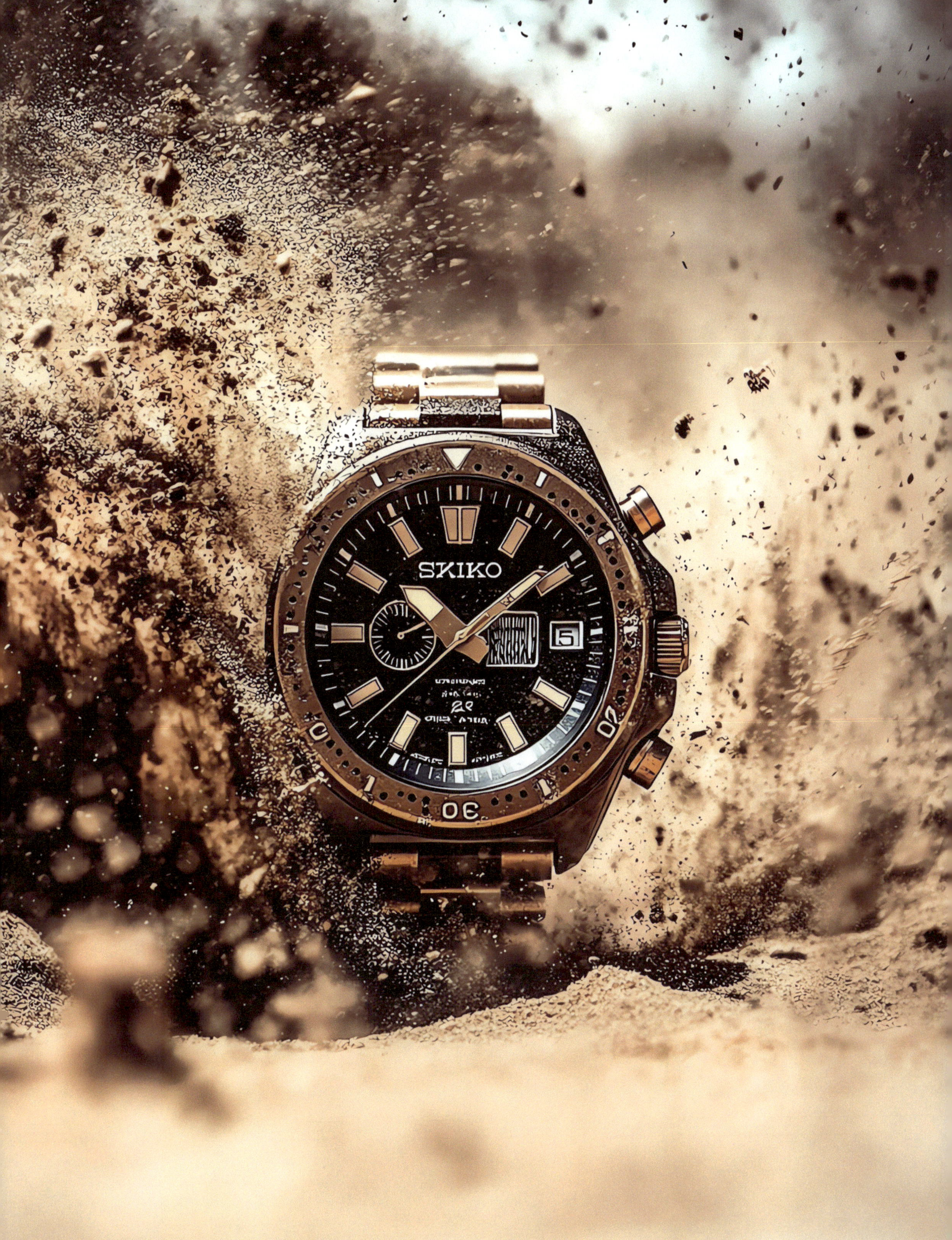
SEIKO

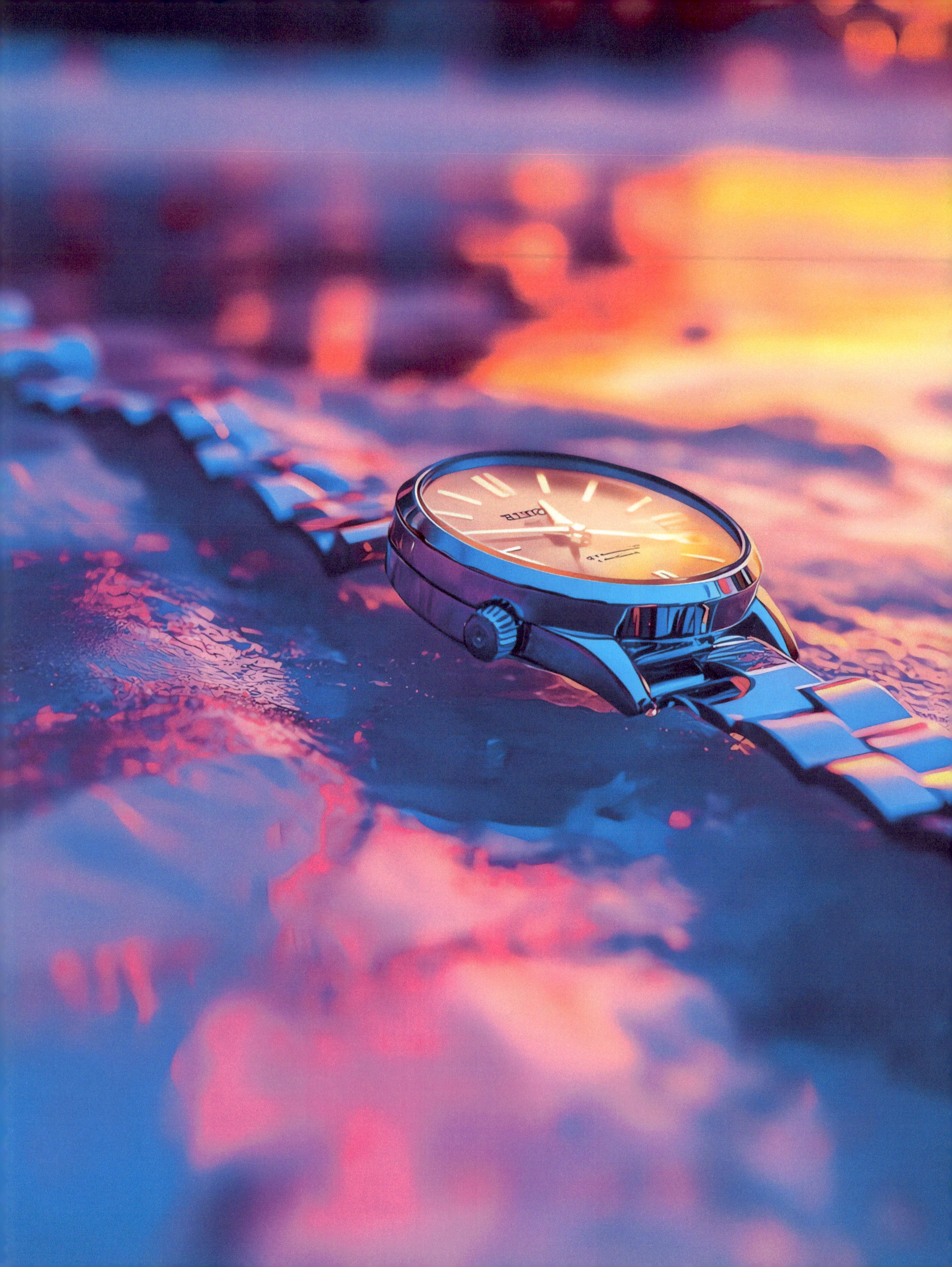

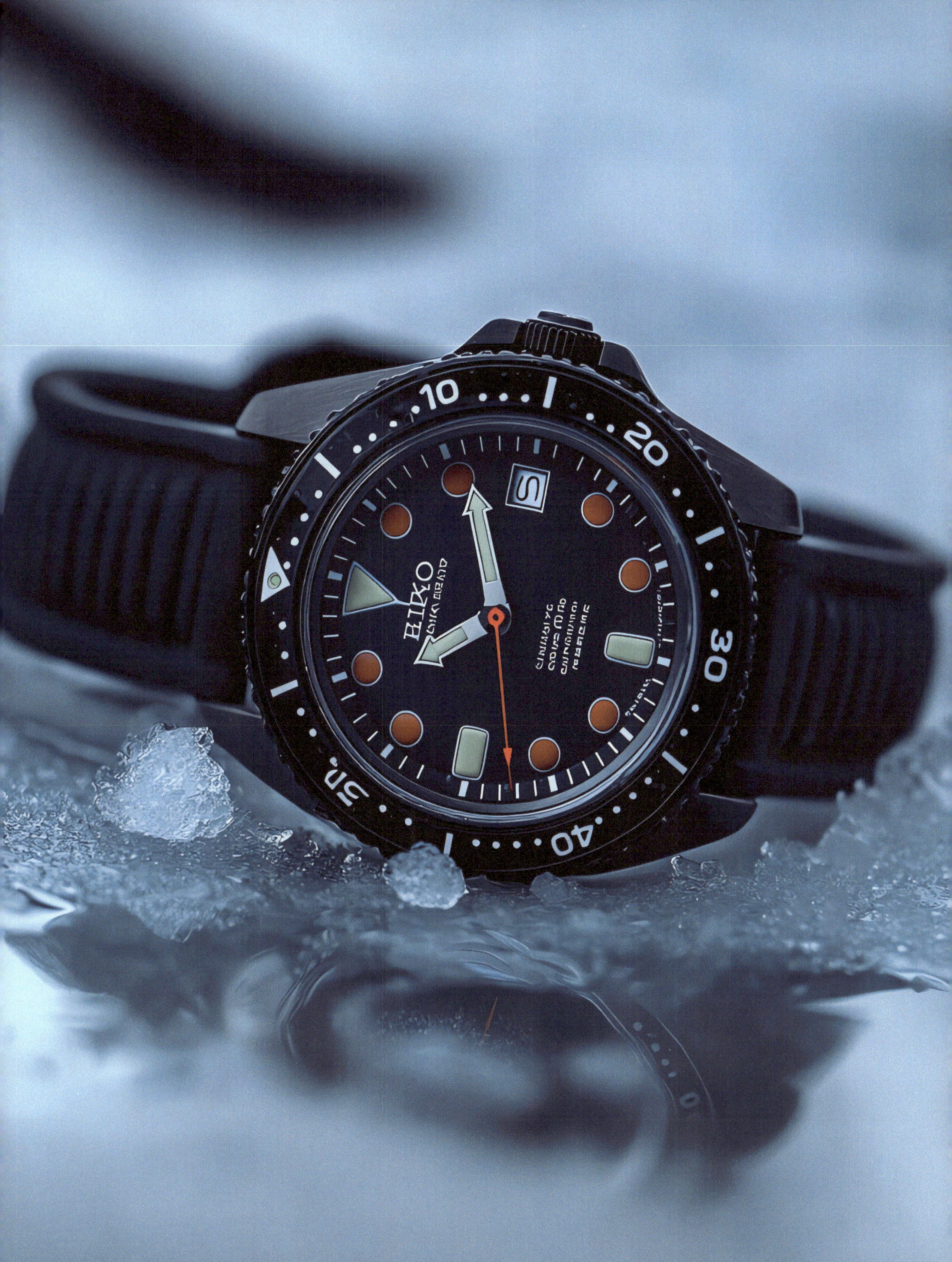

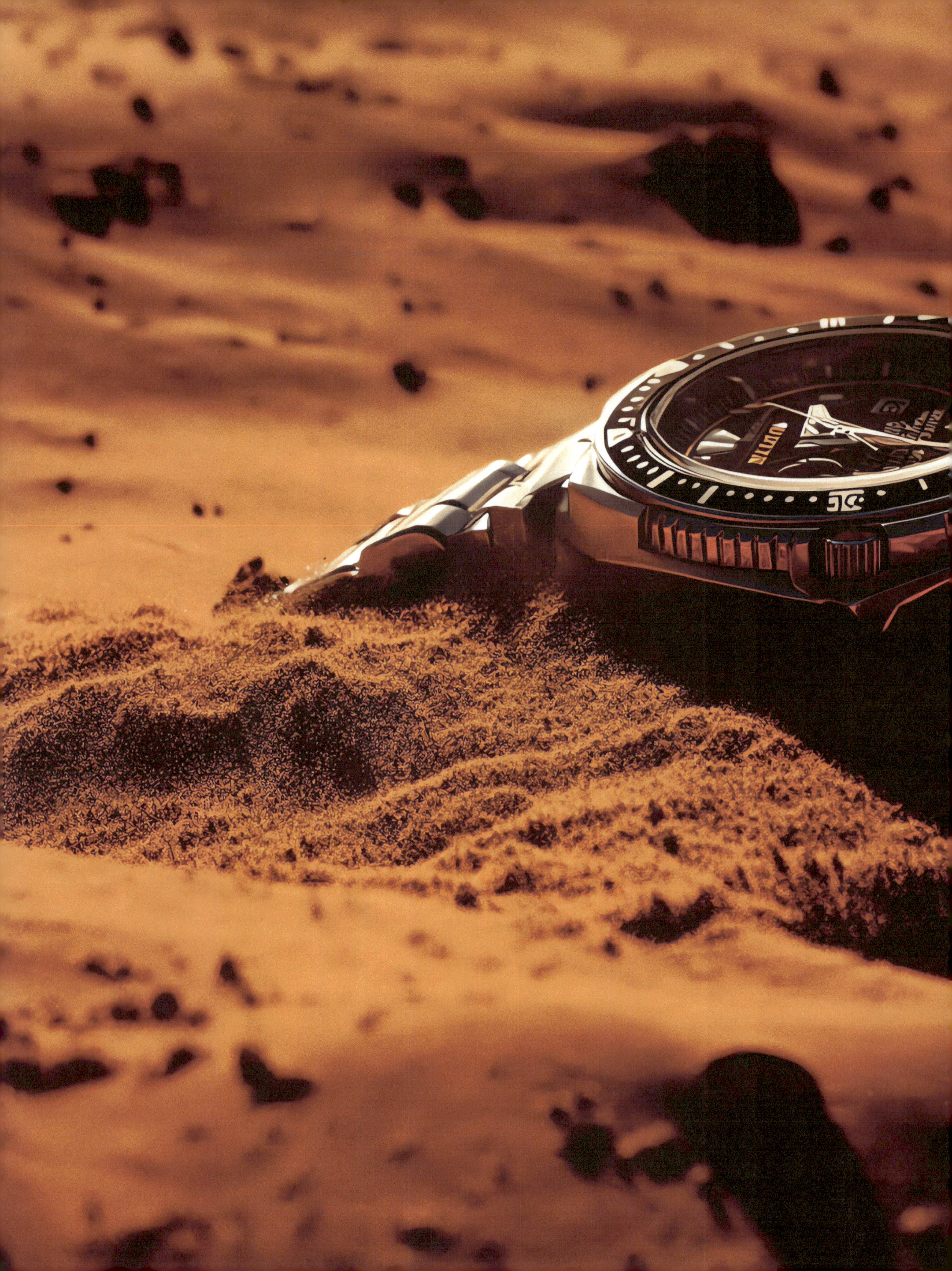

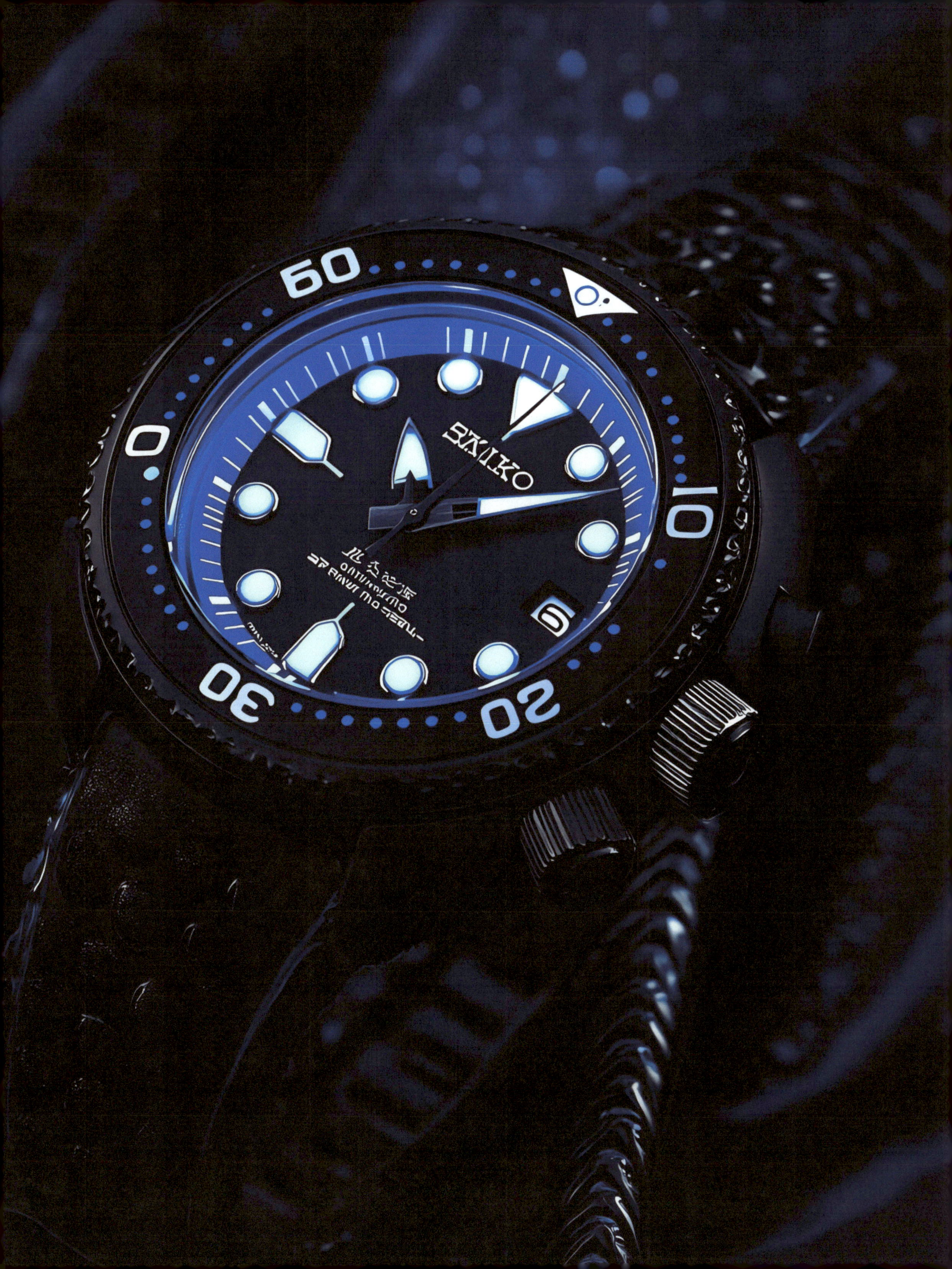

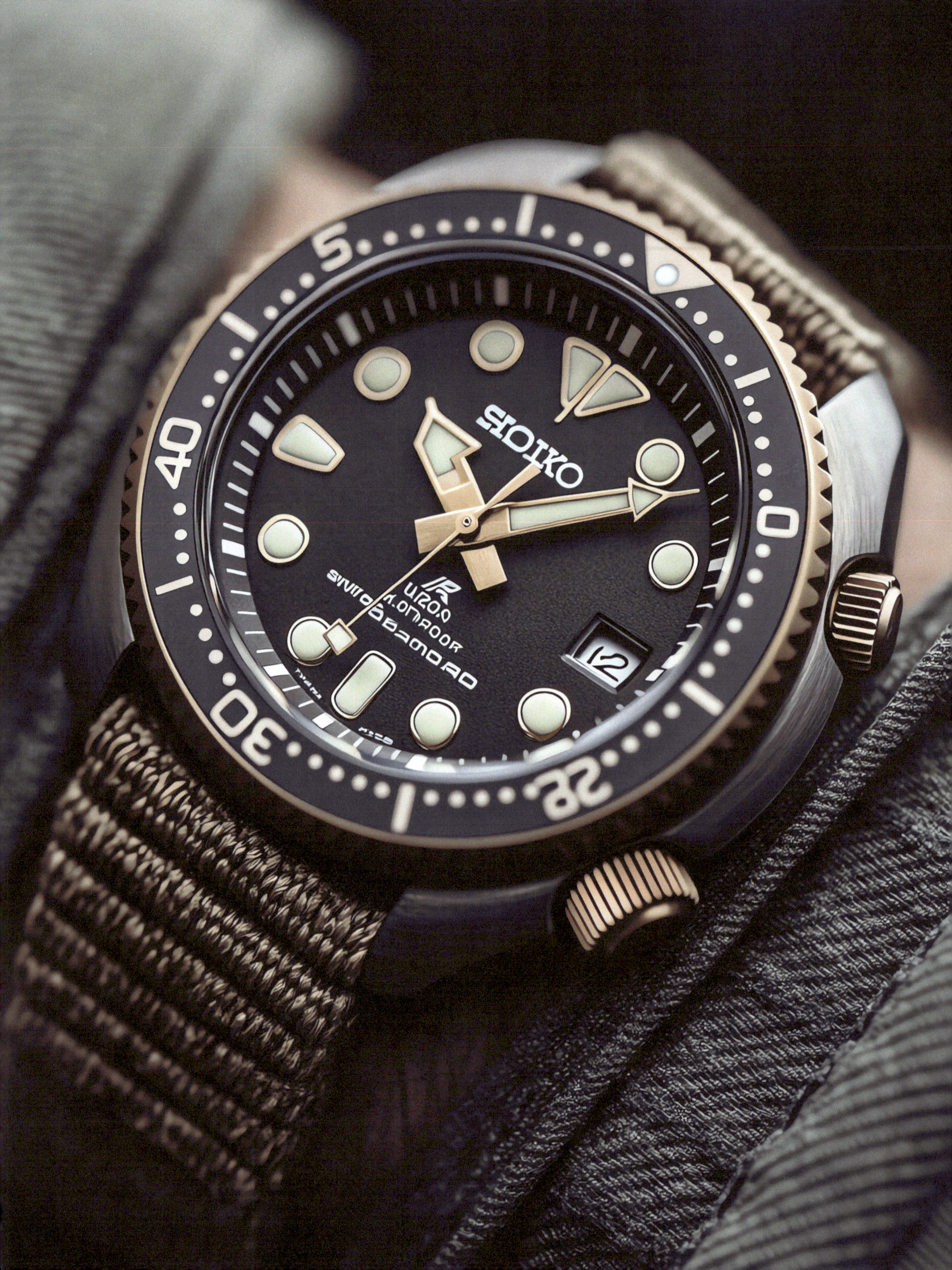

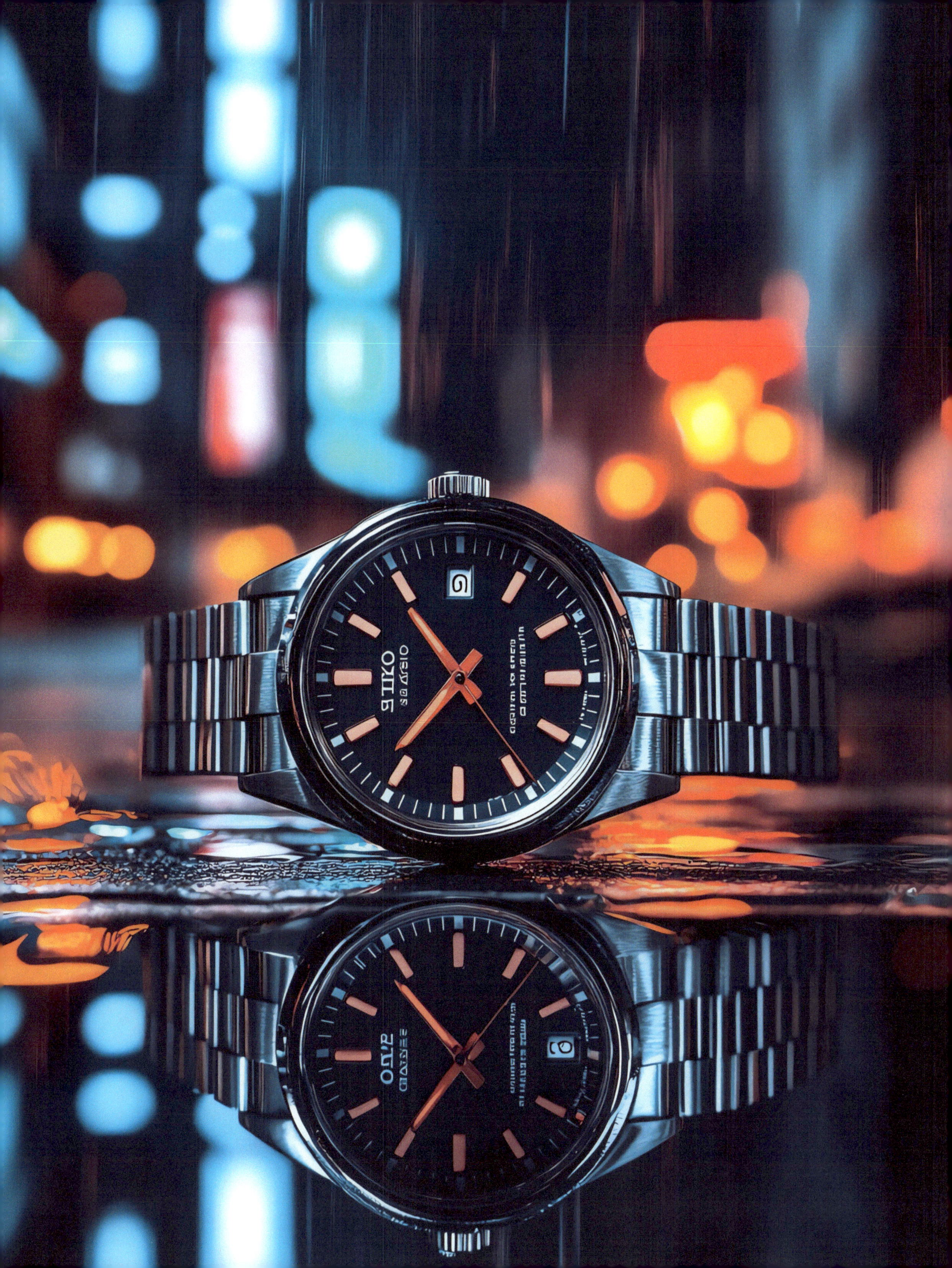

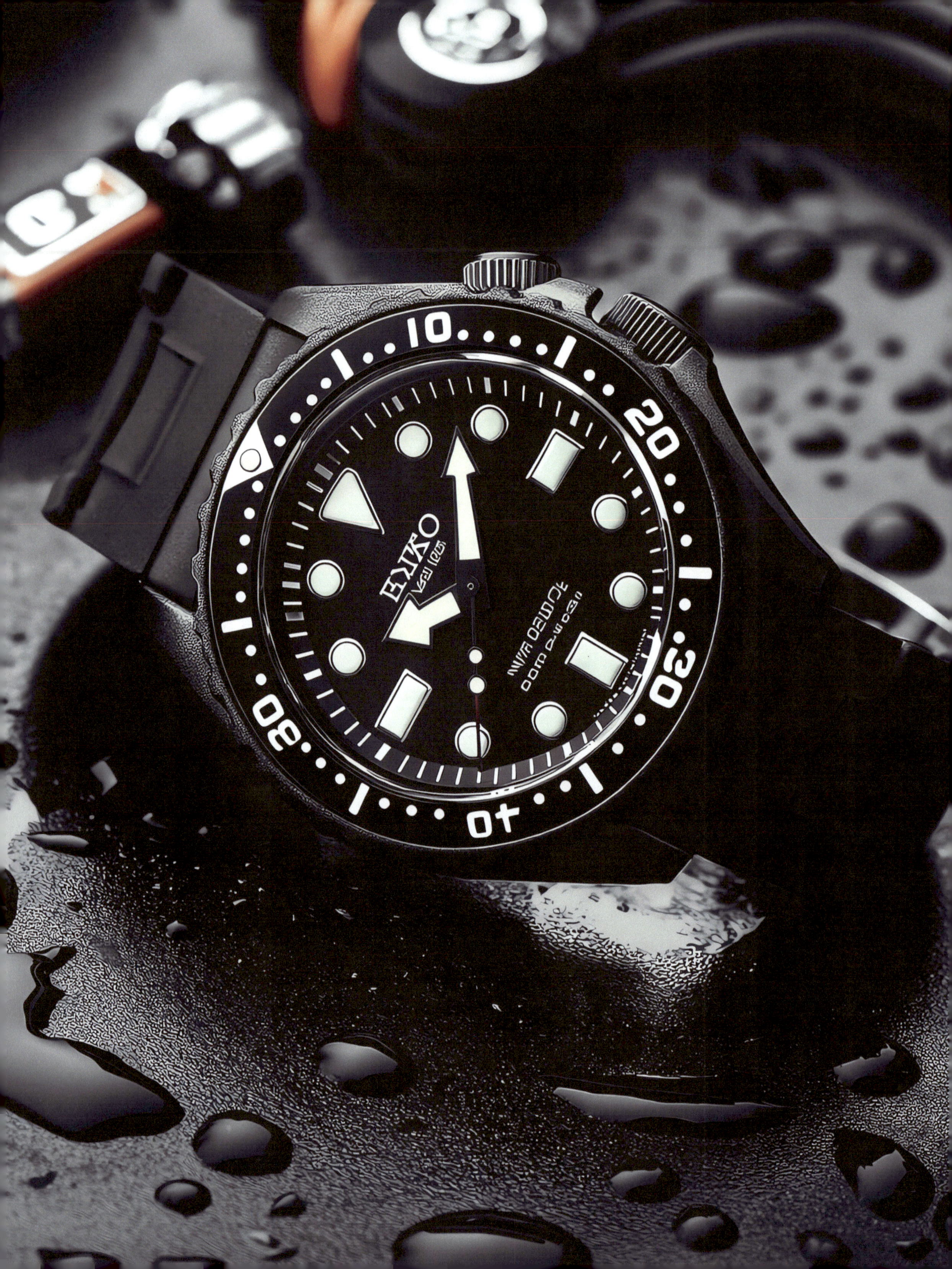

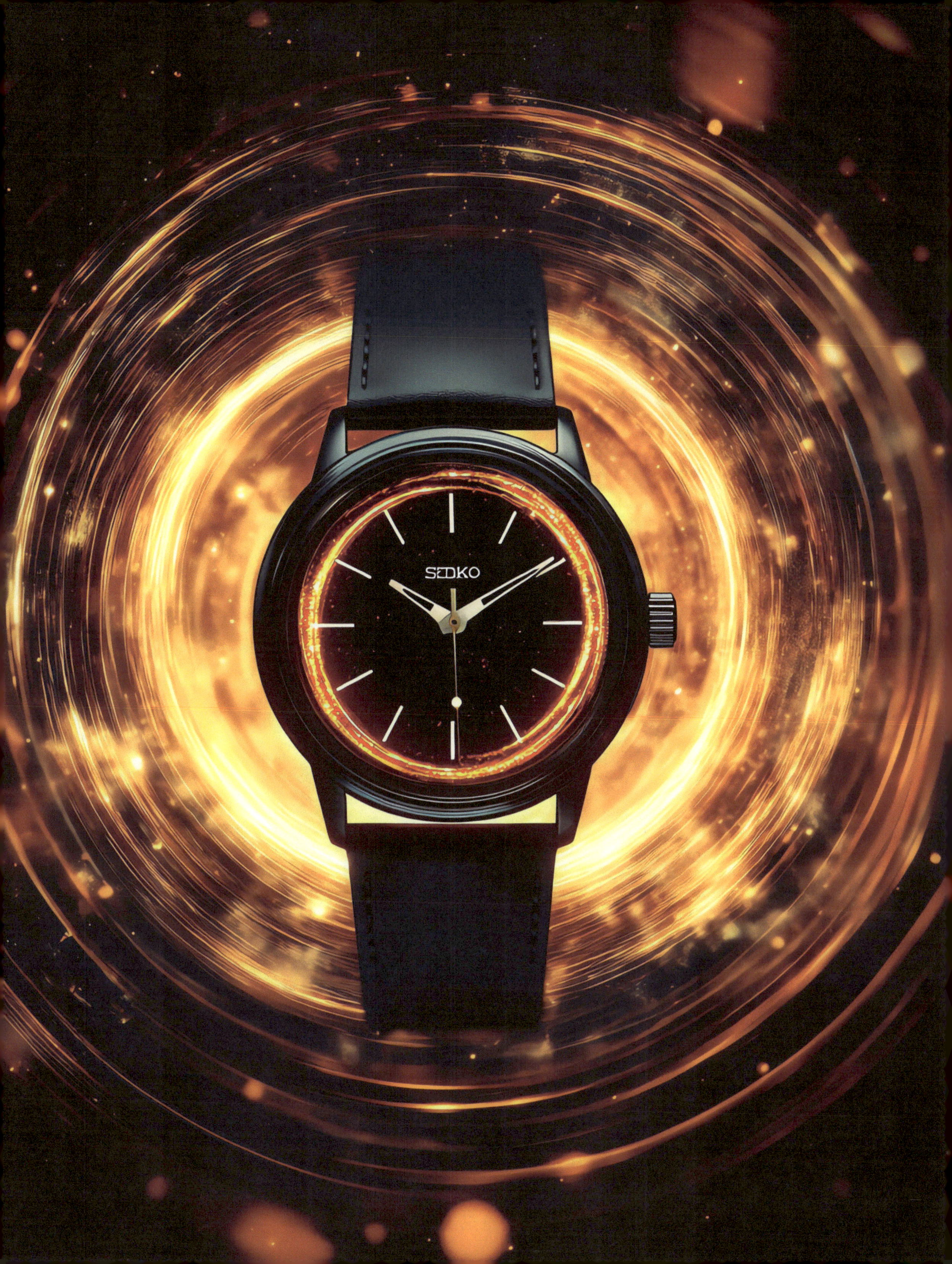

SEIKO

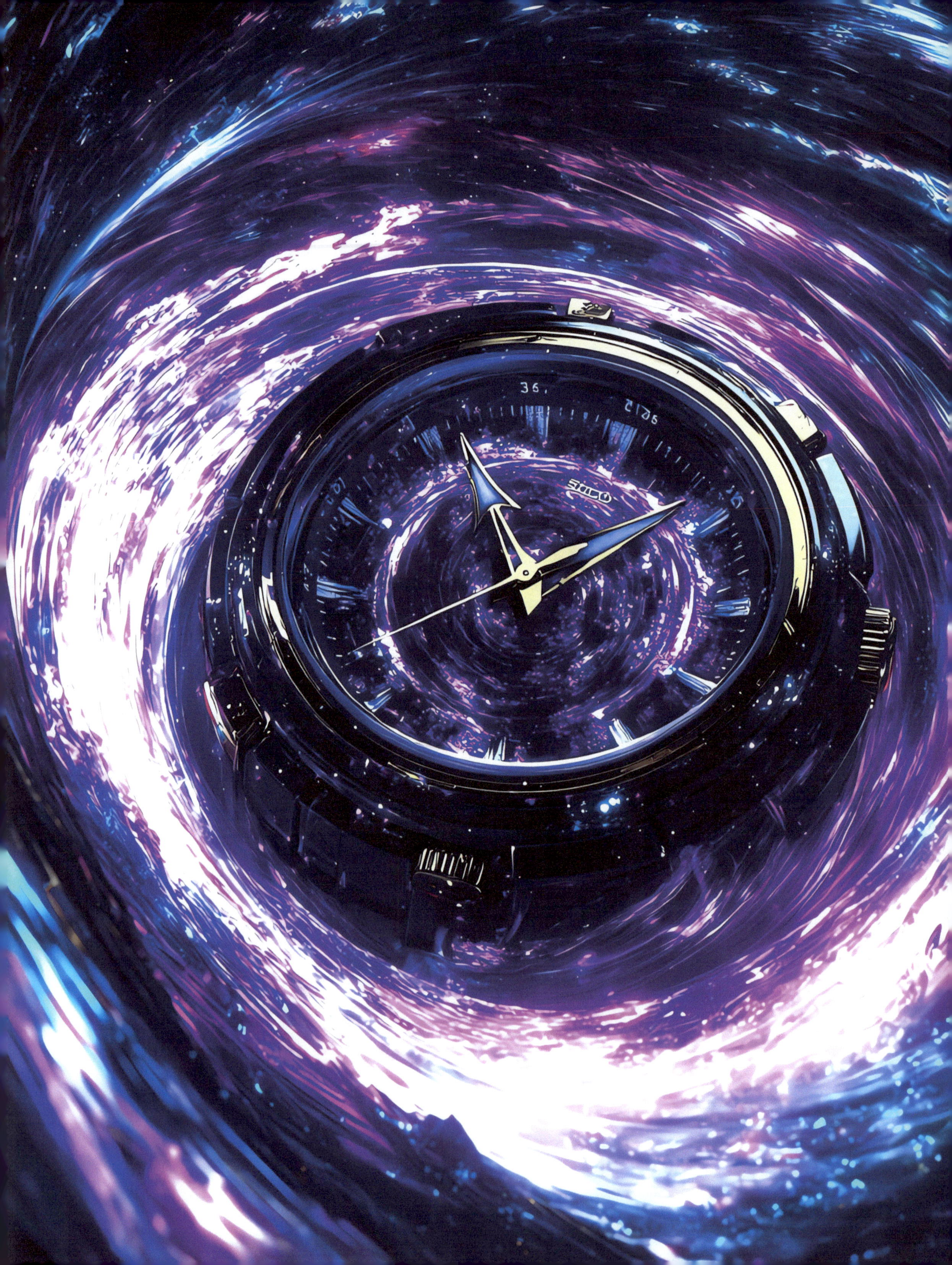

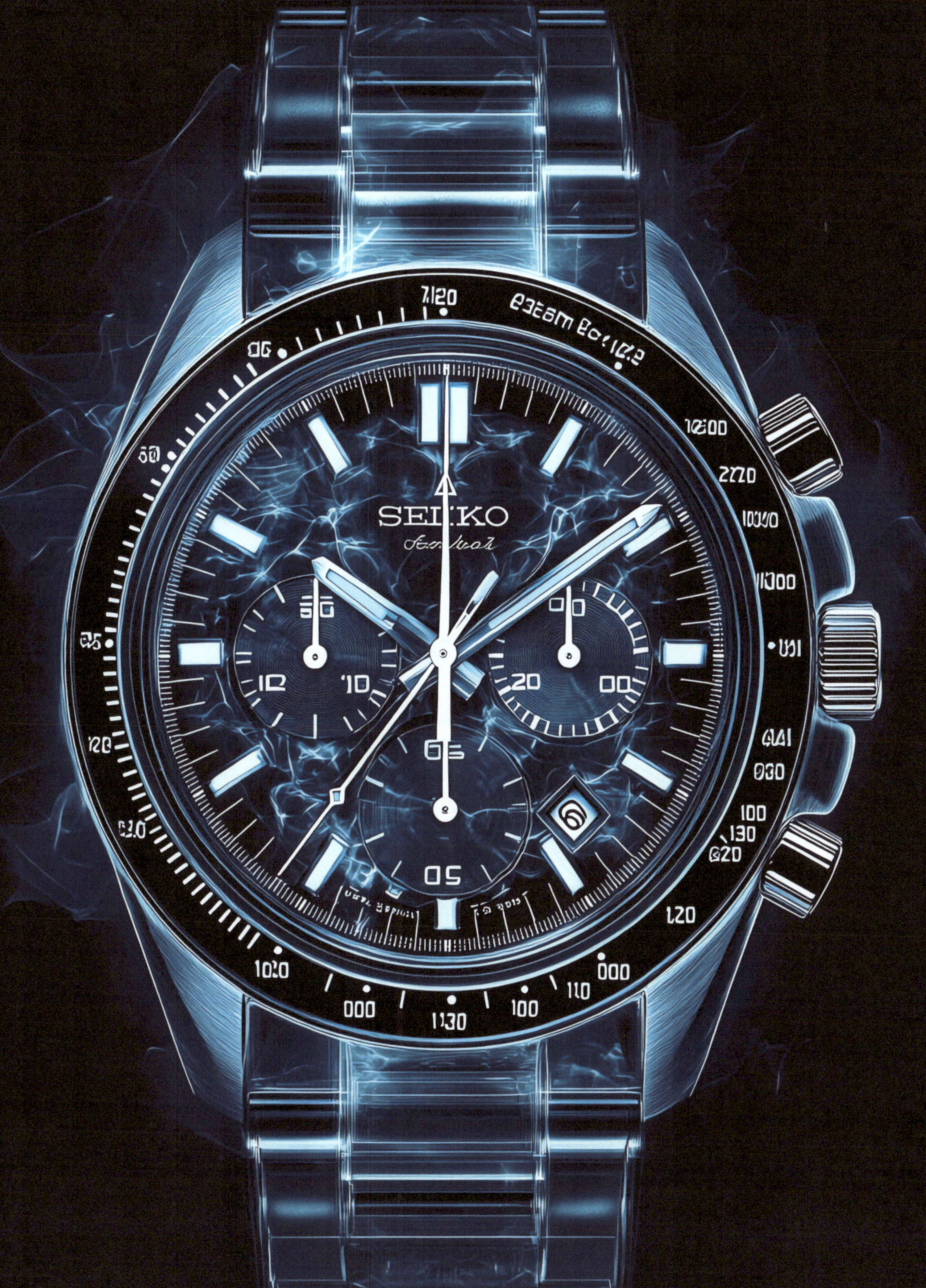

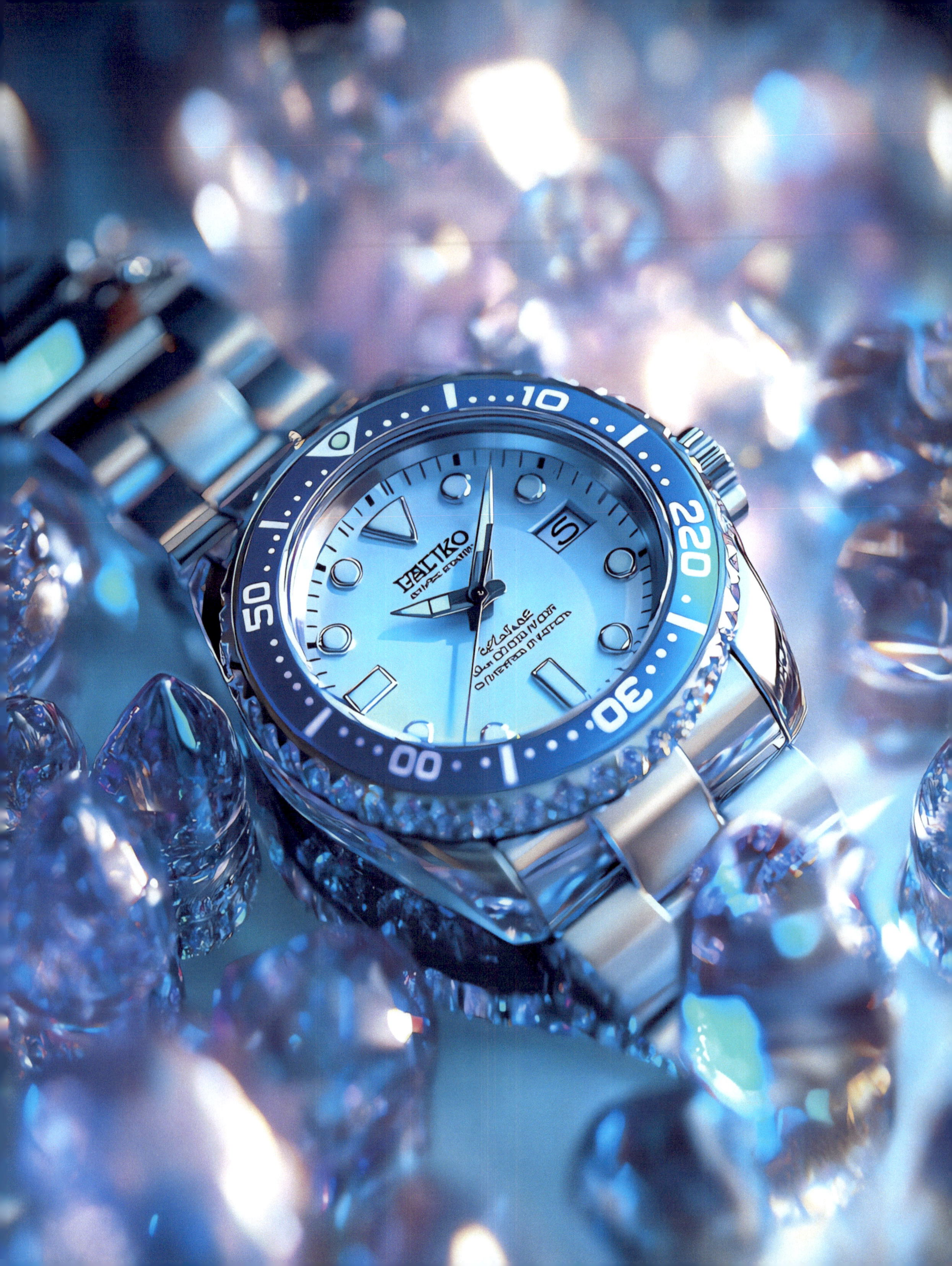

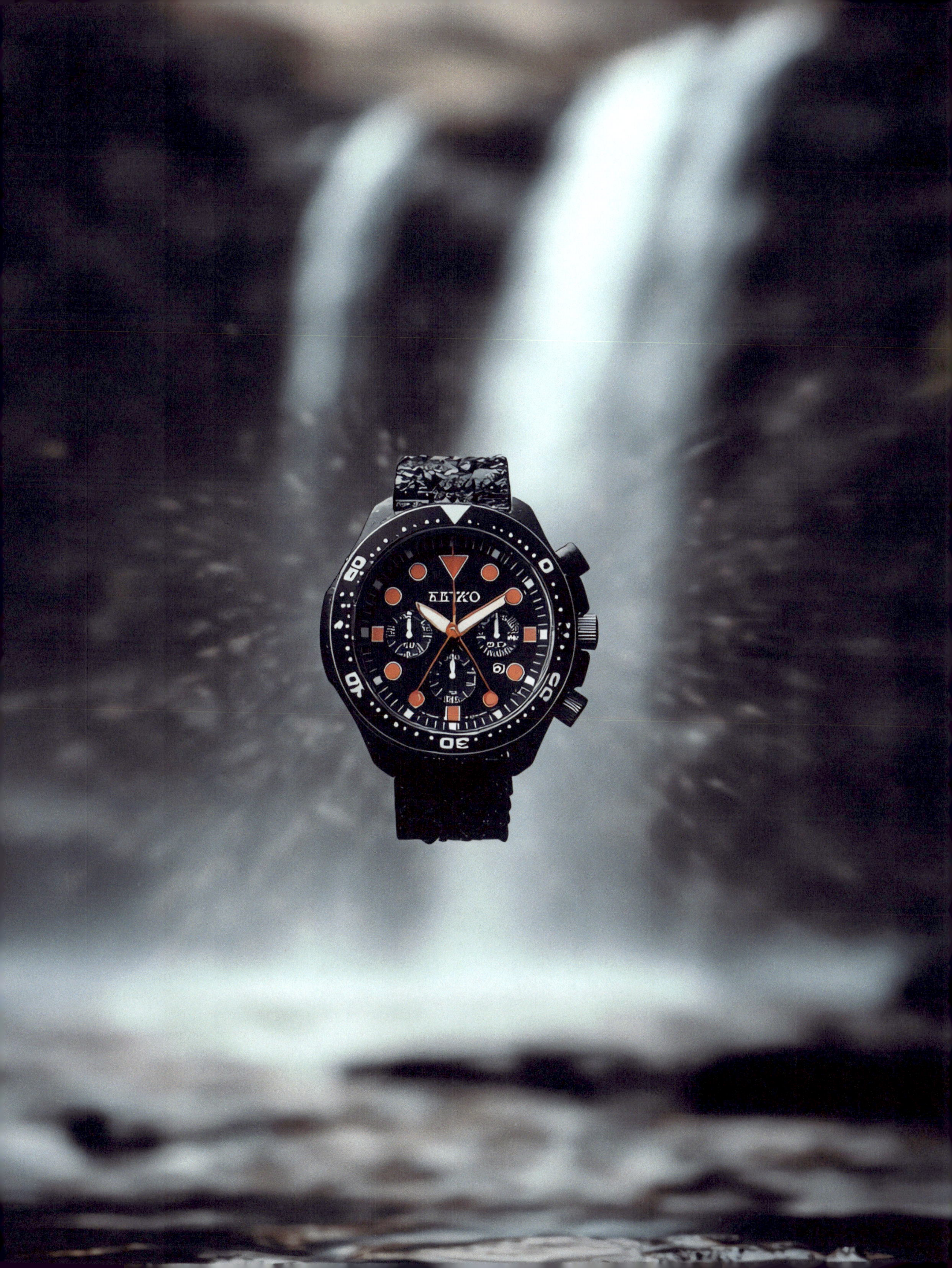

SEIKO

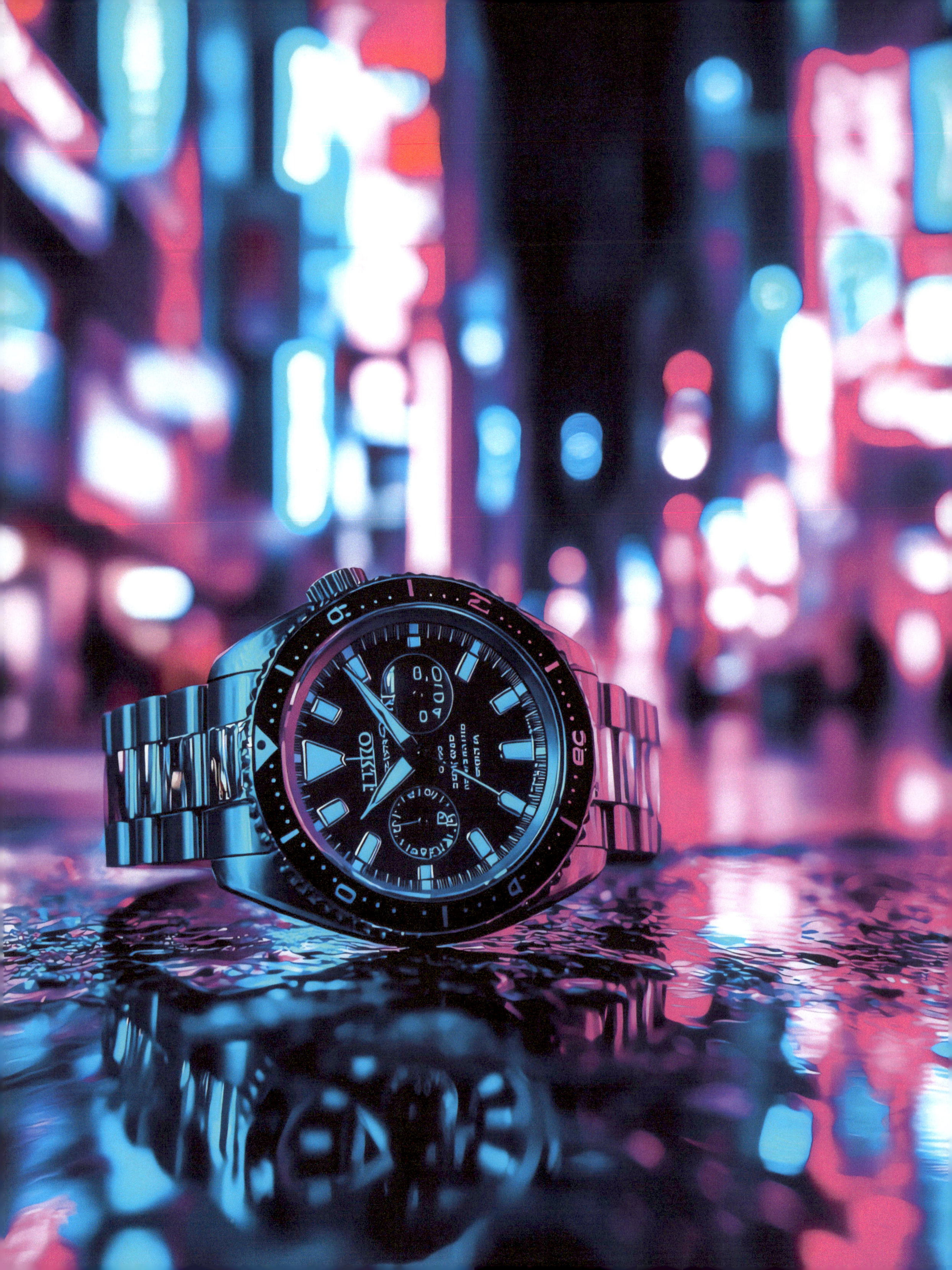

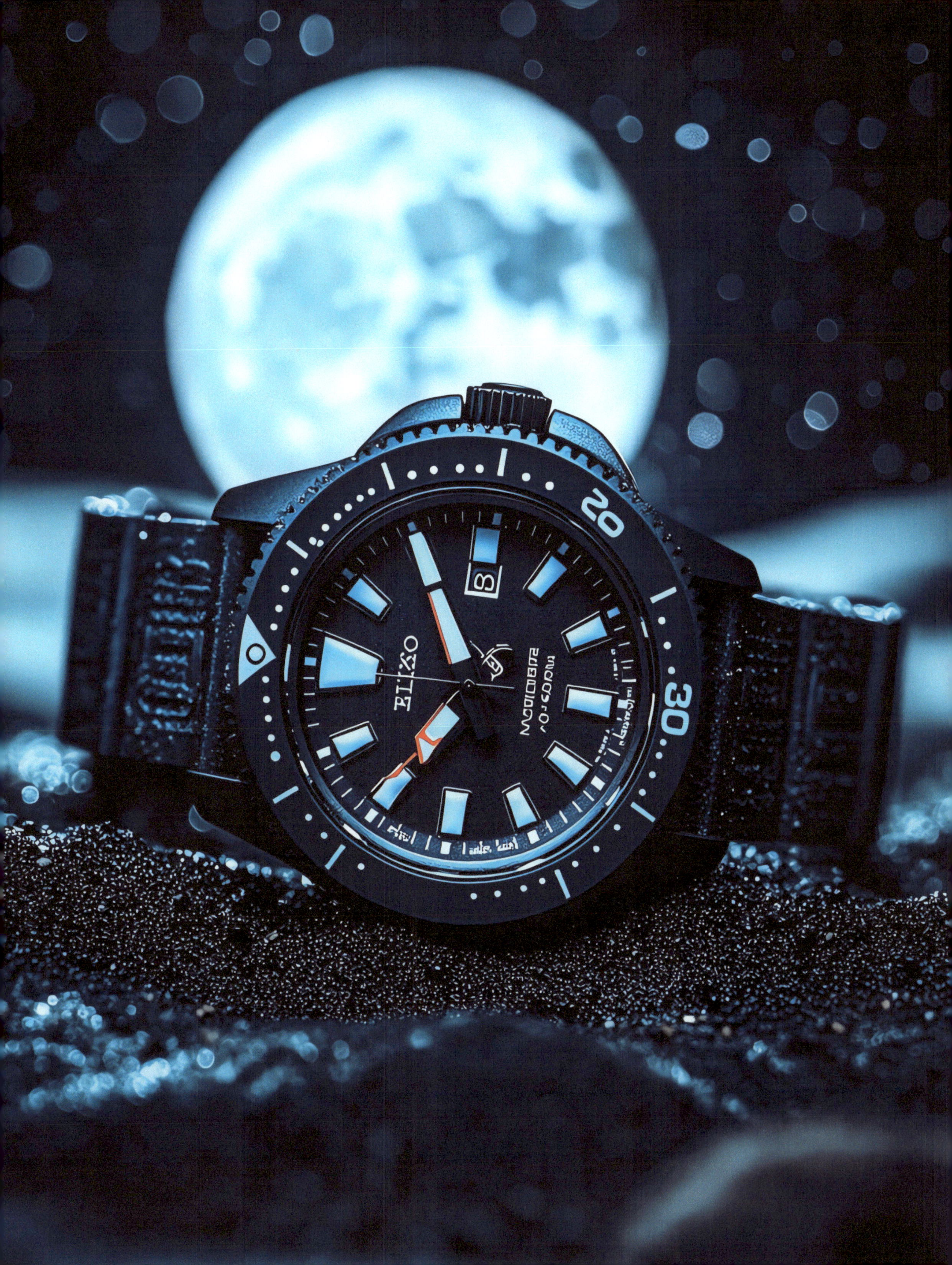

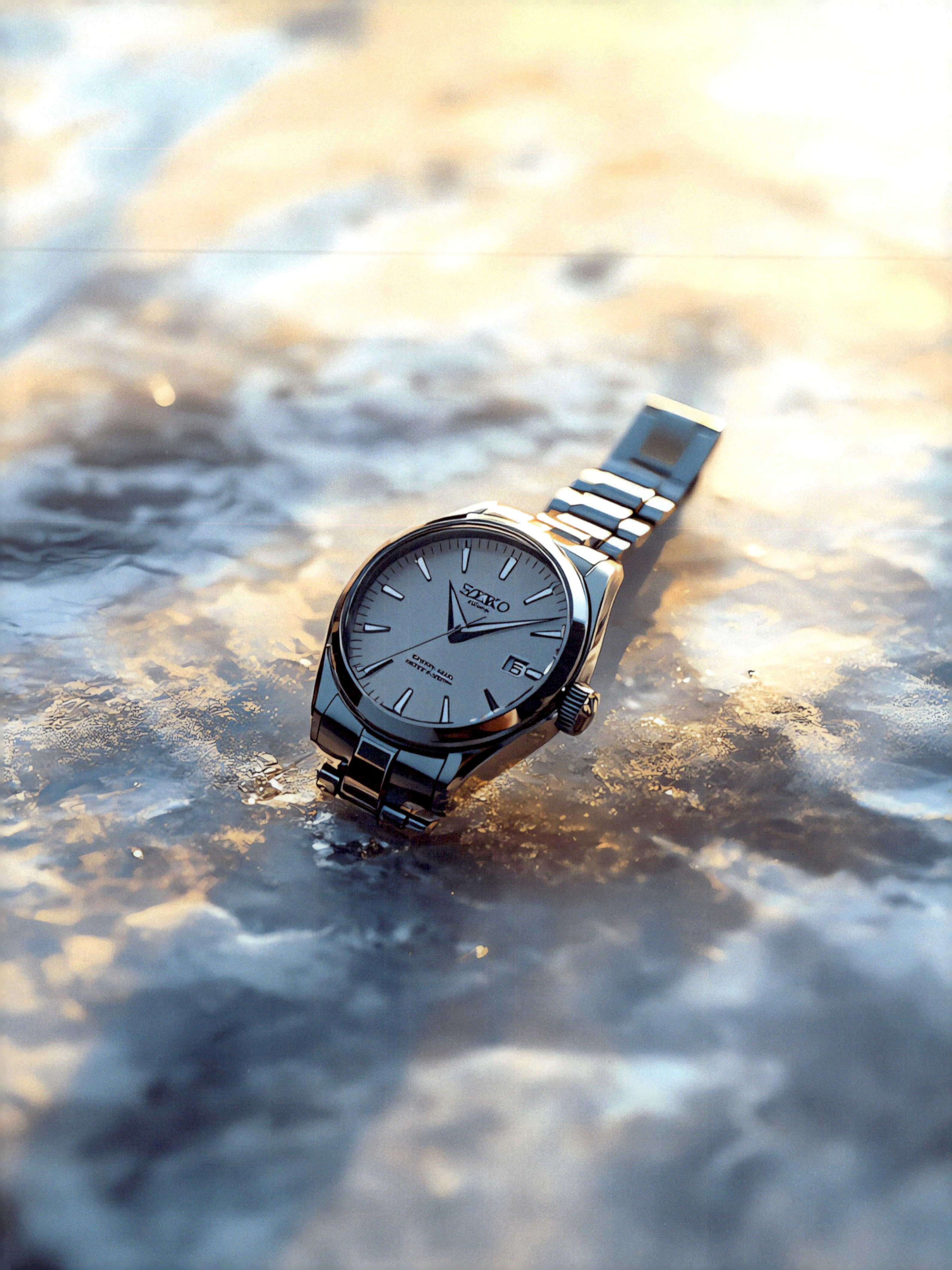

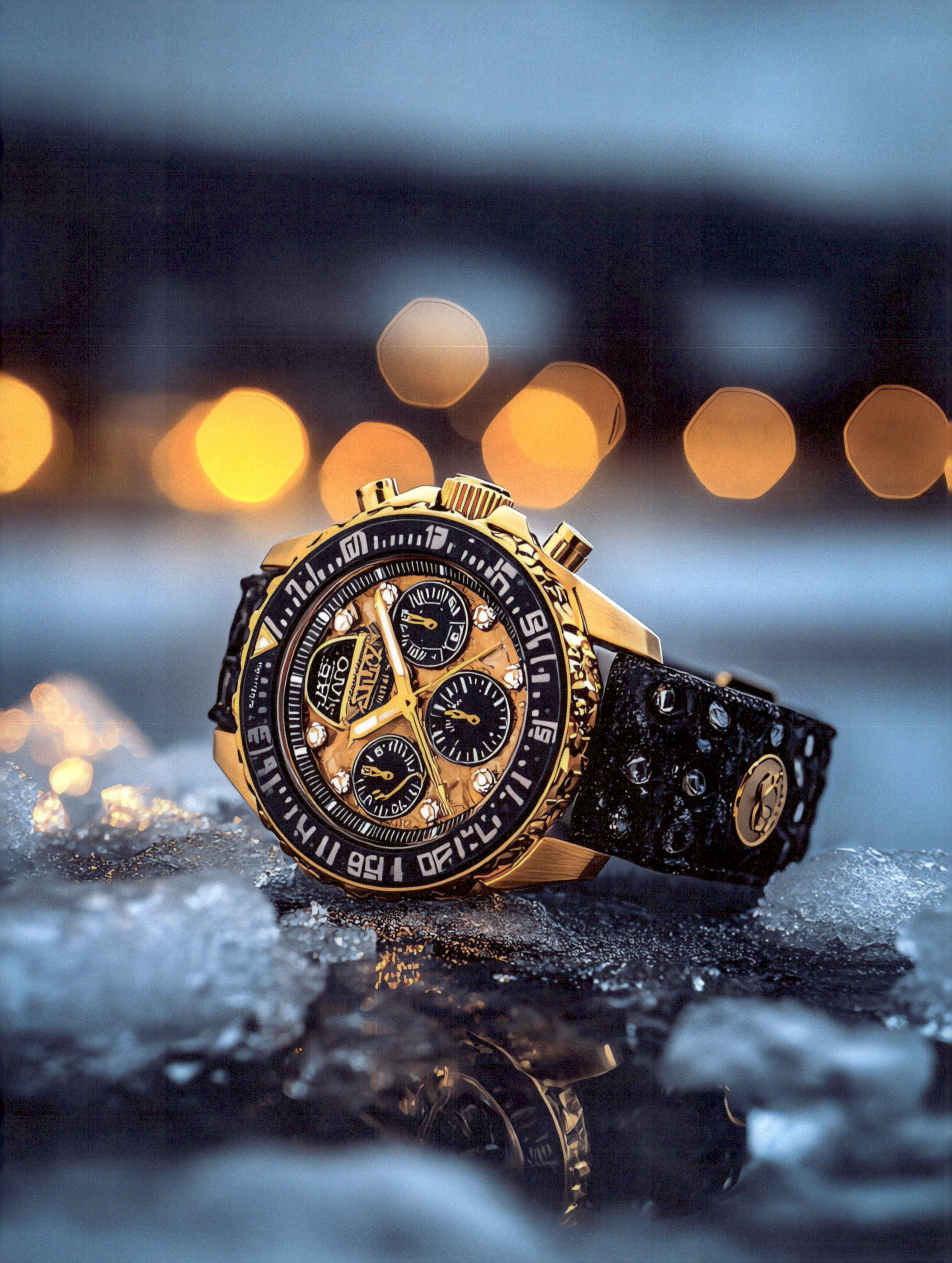

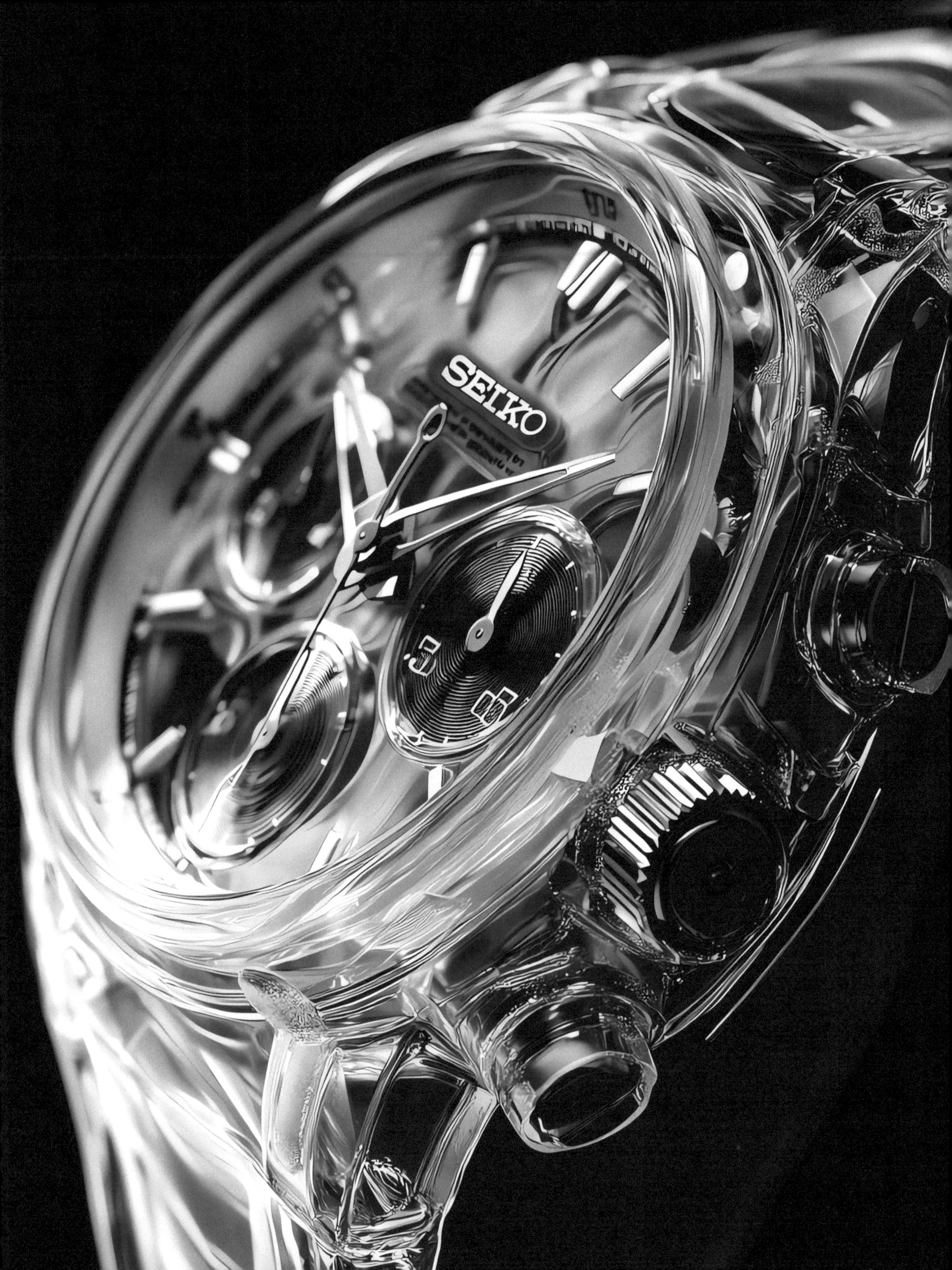
SEIKO

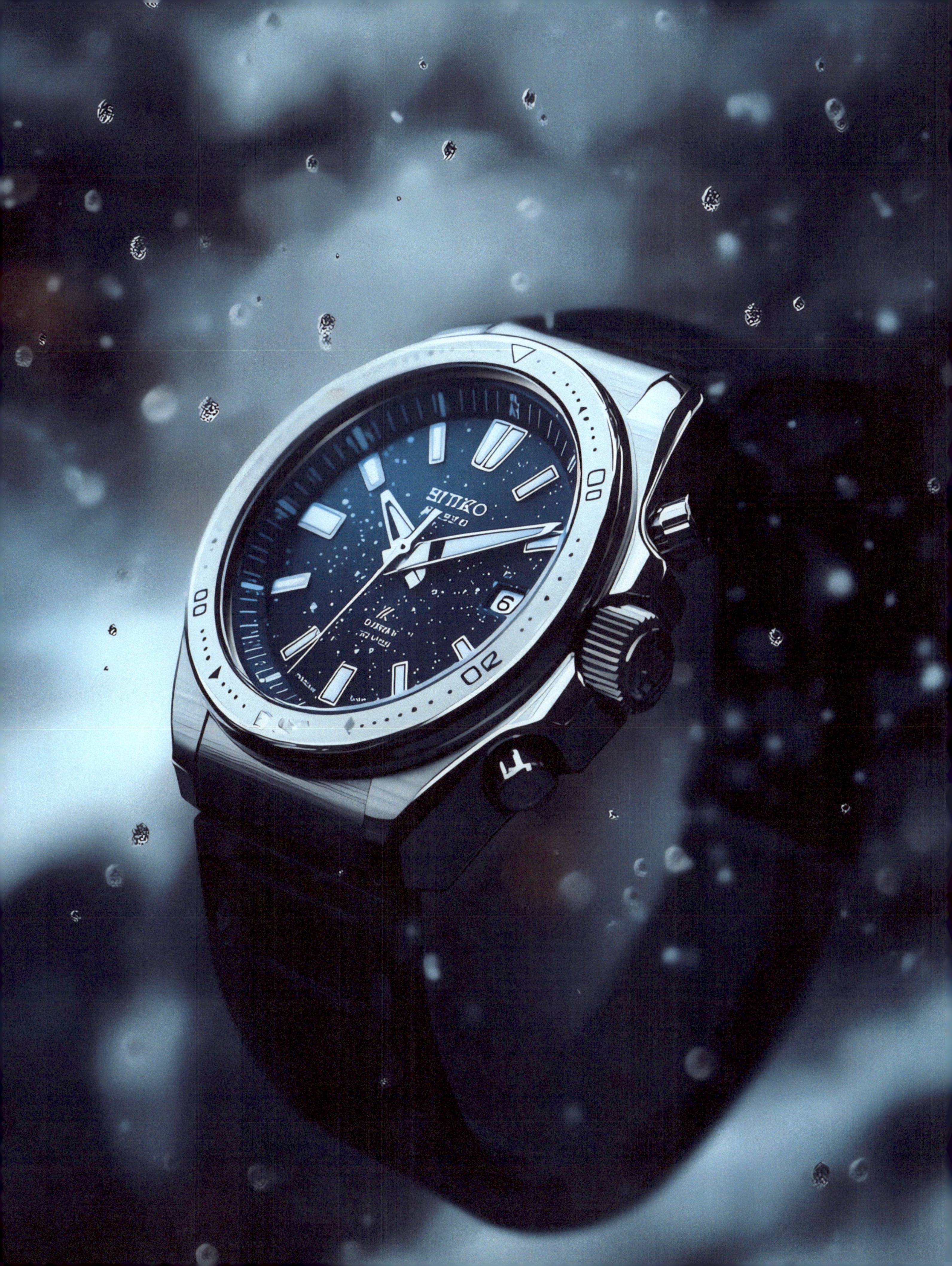
SEIKO
PROSPEX

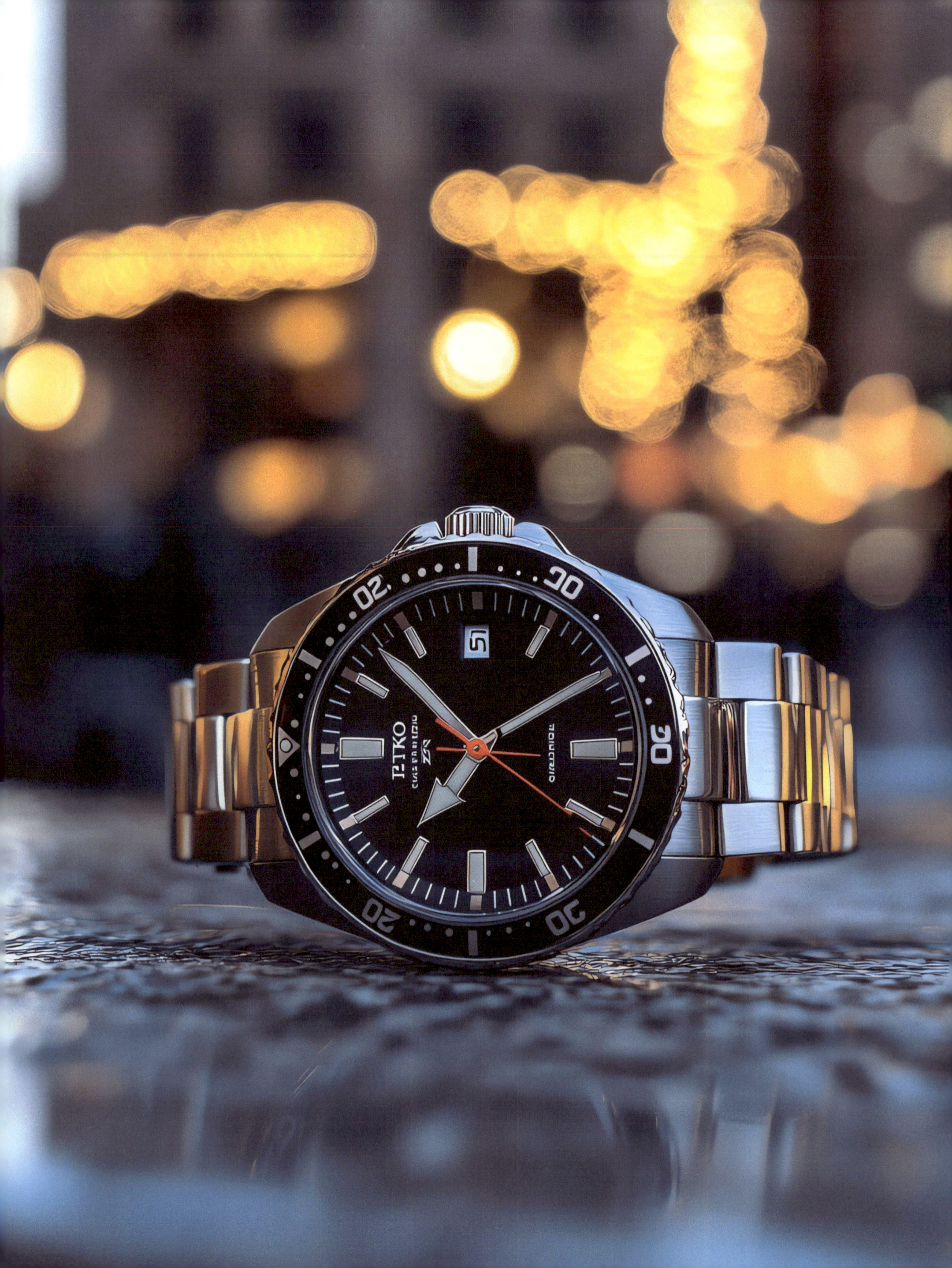

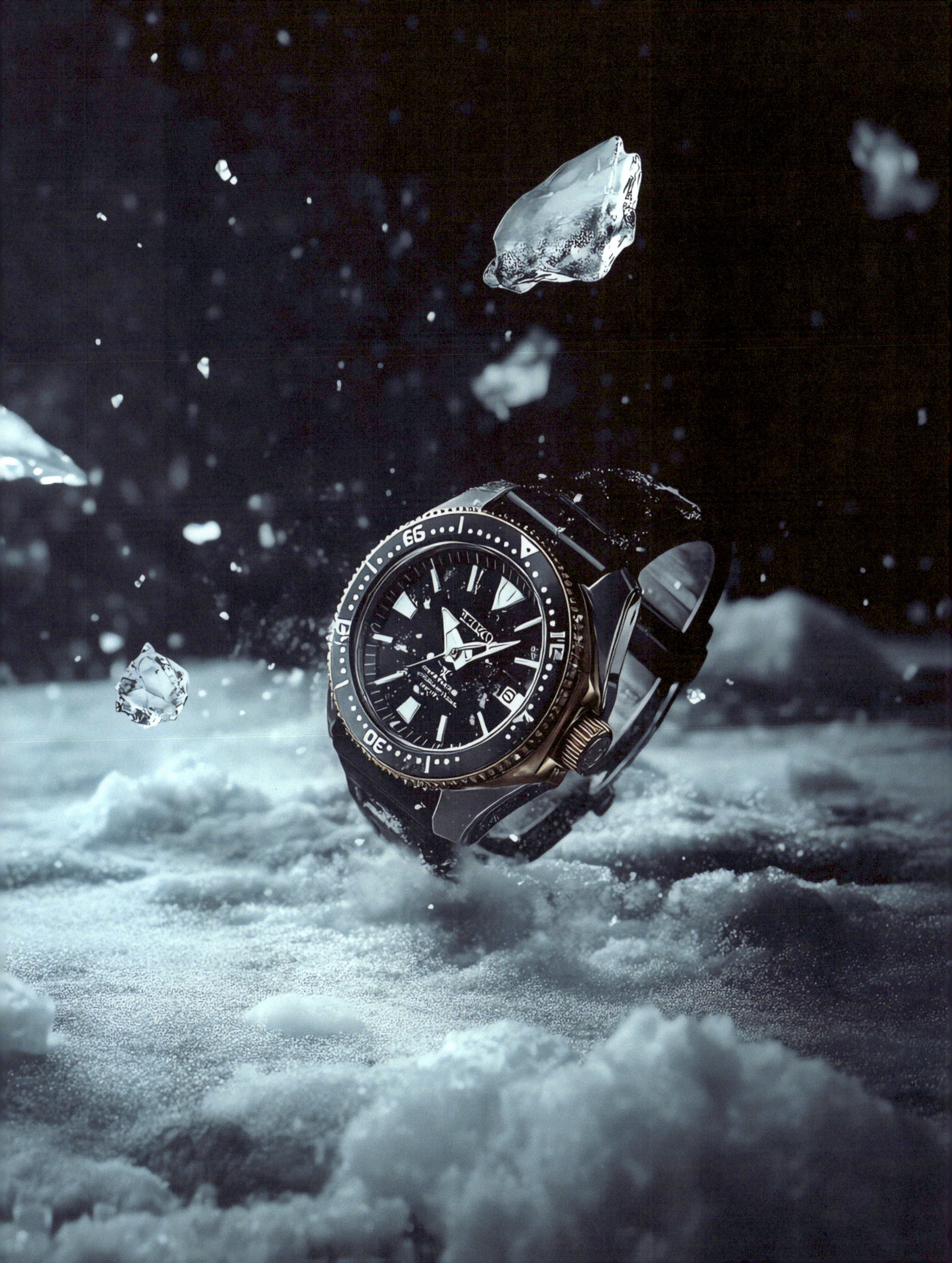

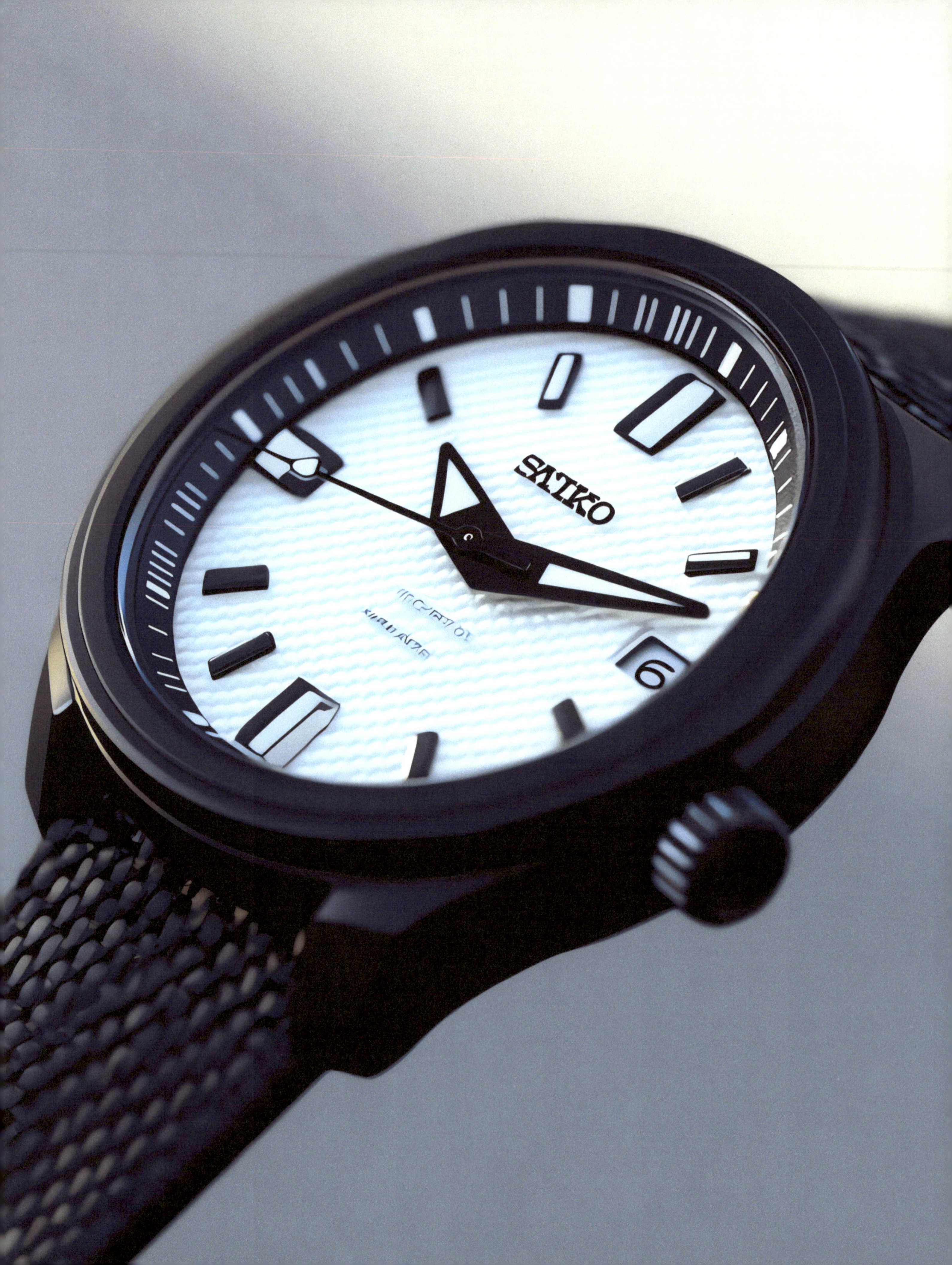

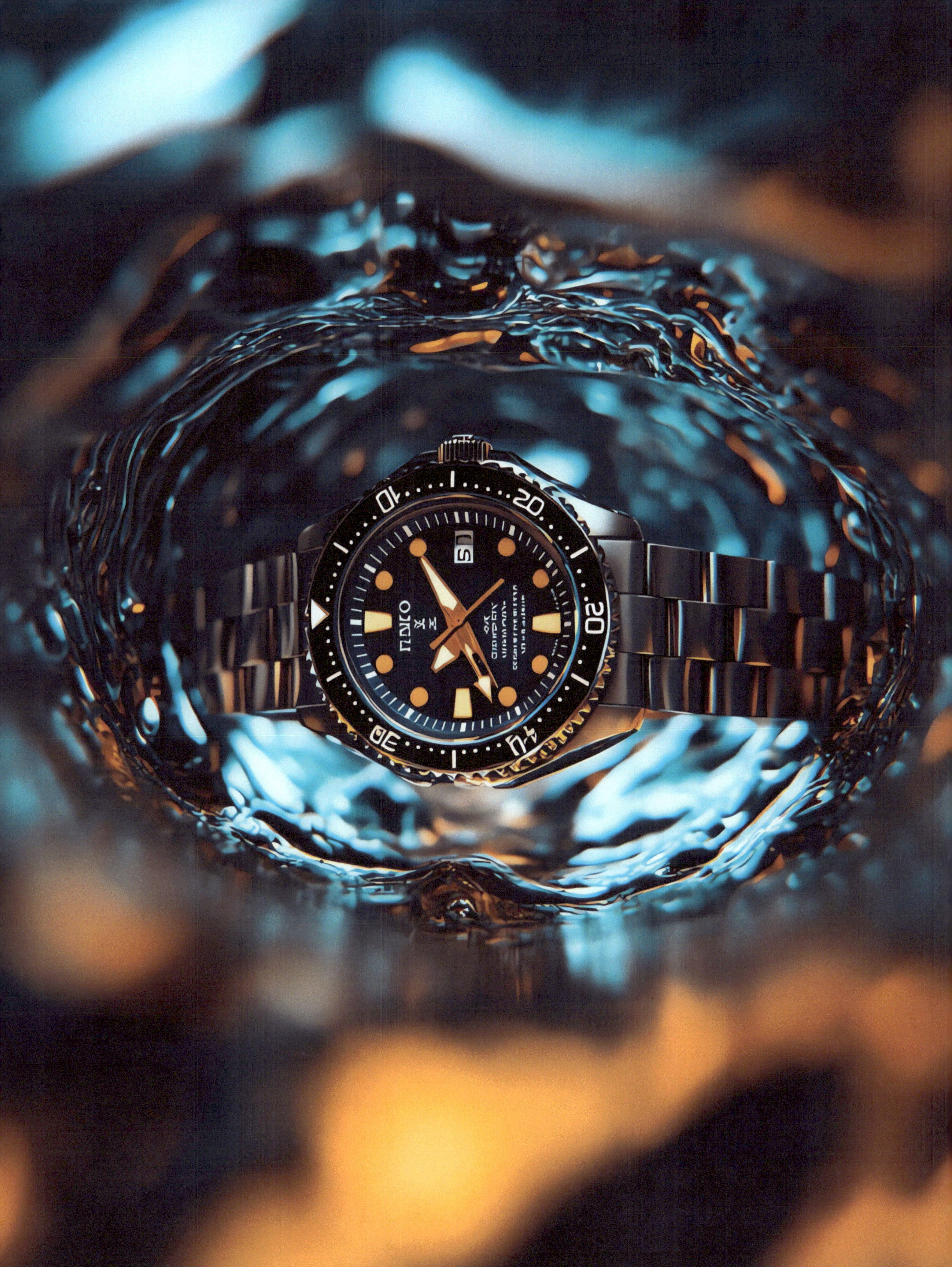

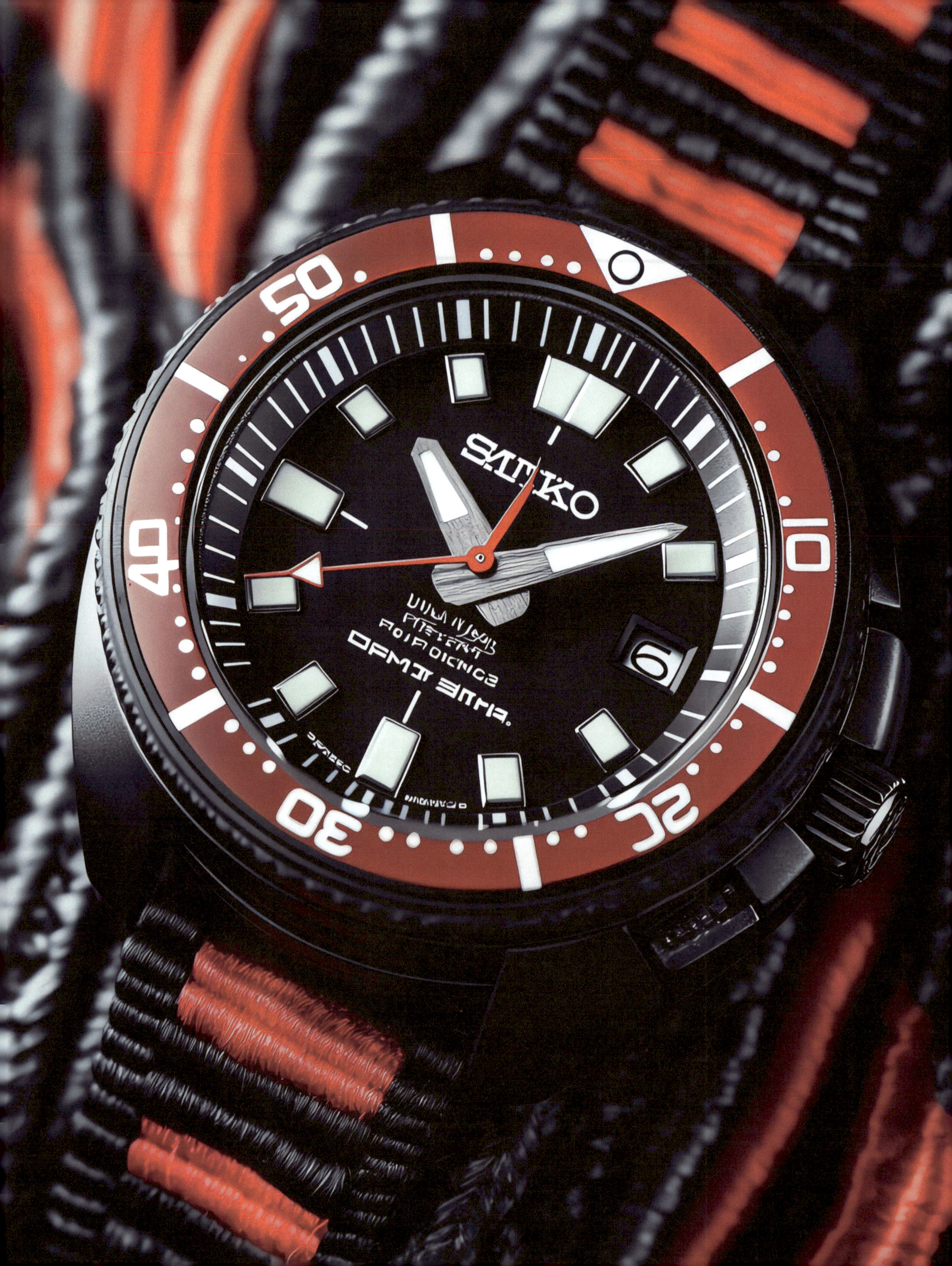